Leuchtturm Lauterbach
25 Jahre Neubeginn auf Rügen

Eine Mutmachgeschichte
zusammengestellt,
eingeleitet und herausgegeben
von Renate von Gizycki und
Irmhild Cronjaeger

IMPRESSUM

TWENTYSIX – Der Self-Publishing-Verlag
Eine Kooperation
zwischen der
Verlagsgruppe Random House und BoD – Books on Demand

© 2017 von Gizycki, Renate (Hrsg.) / Cronjaeger, Irmhild (Hrsg.)

Herstellung und Verlag:
BoD – Books on Demand, Norderstedt.

ISBN: 9783740733421

Heraugeber: Renate von Gizycki, Irmhild Cronjaeger
Redaktion: Irmhild Cronjaeger
Transkript Rundfunksendung vom 9.10.1991: Björn Buxbaum-Conradi
Transkript Reportage HNA vom 9.6.1991: Irmhild Cronjaeger
Gestaltung: Nils Wilkens
Fotos: Annette Rehfus, flz Lauterbach

Leuchtturm Lauterbach
25 Jahre Neubeginn auf Rügen
- eine Mutmachgeschichte -

Diese Geschichte sollte unbedingt erzählt werden, das denken Freunde, die dabei waren: und das nicht nur deshalb, weil es die ungewöhnliche Erfolgsgeschichte eines ostdeutschen Betriebs ist, der FLZ-Stahl- und Metallbau Lauterbach auf Rügen; vor allem ist es für uns eine Geschichte, die Mut macht, die zeigt, was es bedeutet in schwierigen Zeiten mit Widerstandsgeist und Vorstellungskraft an ein Projekt zu glauben: Wie lässt sich der Technikbetrieb einer Groß-LPG auf der Insel Rügen in eine eigenständige, selbstverwaltete Firma umwandeln, wenn das nötige Kapital und Know-How der kapitalistischen westdeutschen Seite fehlen?
Zwar stand die Treuhand, zur Rettung bereit, schon vor den Türen, aber der Traum von der Weiterführung des Betriebs mit den eigenen Mitarbeitern bewegte die Belegschaft. Es war dann schließlich eine Frage des Vertrauens, wie es sich im Rückblick zeigen sollte, die diese Erfolgsstory möglich machte.

Wie in jedem Jahr, so auch diesmal: Der Neujahrsgruß aus Lauterbach erreichte uns im Januar 2017 mit dem eindrucksvollen Fotomotiv der jüngsten Erfolge: In einem wunderschönen Parkgelände liegt die American Academy - Berlin Fellows Pavillon - , ausgezeichnet mit dem Preis des Deutschen Stahlbaus 2016. Wer sich noch an das Foto der Reportage in der Hessischen Allgemeinen Kassel - unter dem Titel, Wir machen alles was weiterhilft - 1991, erinnert, der mag es kaum glauben, dass aus diesen Werkstätten voller Schrottautos nun ein so moderner, ja eleganter Bau hervorgegangen ist. Und uns wurde plötzlich bewusst, dass das alles schon – oder - nur? - ein Vierteljahrhundert zurückliegt. Also wäre nun eigentlich ein traditionelles 25 Jahre Jubiläum zu feiern. Wir haben uns nun nach gemeinsamem Rückblick und Austausch dafür entschieden, diese Erfolgsstory als Mutmachgeschichte unter die Leute zu bringen. Da ist vor allem ein Feature des Hessischen Rundfunks: Neubeginn auf Rügen zu nennen - das am 3. Oktober 1991 - also am Jahrestag der Deutschen Einheit, gesendet wurde. Horst von Gizycki, Professor für Sozialpsychologie an der Kunsthochschule Kassel, erzählt von den ersten Kontakten mit den Leitern und Ingenieuren der LPG, Gerd und Martin Hurtienne, in der Evangelischen Akademie Greifswald. In Interviews kommen dann andere Mitarbeiter vor Ort zu Wort. Aus heutiger Sicht erscheint uns das alles ziemlich normal, und wir müssen uns schon 25 Jahre zurückversetzen, um zu verstehen, wie ungewöhnlich diese Begegnungen zwischen Ost und West damals auf allen Ebenen noch waren. Die Verbundenheit, die in den vielfältigen Kontakten über die Jahre einzelner Mitwirkender ihren Ausdruck fand und das Vertrauen, das zwischen ihnen entstanden ist, machen dieses Projekt für uns zu einem Leuchtturm, der weit über die Insel hinaus leuchtet........

Renate von Gizycki

Horst von Gizycki:

Ein Neubeginn auf Rügen

Radio-Feature im Hessischen Rundfunk am 3. Oktober 1991

In der Evangelischen Akademie Greifswald fand im November 1990 eine Tagung über die Krise und die Chancen des Dorfs in der ehemaligen DDR statt. Ich wurde dazu als Referent eingeladen, um von amerikanischen Erfahrungen zu berichten.*)

Die Teilnehmer waren ältere Bauern, jüngere LPG-Angehörige, Lehrer, Tierärzte, Kirchenleute, Bürgermeister aus der Umgebung Greifswald bis nach Rügen. Der technische Leiter einer ehemaligen LPG auf Rügen, Gerd Hurtienne, berichtete von den Problemen der Umwandlung der früheren Großgenossenschaft in mehrere Teilbetriebe. Er und seine Mitarbeiter sind dabei, aus den Trümmern ihrer LPG etwas lebensfähig Neues zu machen. Sie fragen sich voller Sorge, wie sie es schaffen können, Arbeitsplätze in sozialer Verantwortung zu sichern. Was vor allem fehlt, ist Startkapital. Gerd Hurtienne ist mit seiner Frau zu dieser Tagung gekommen. Sie gehört der Landessynode an und beide haben während der SED-Herrschaft ihre fünf Kinder in protestantischer Grundhaltung gegen manche Schikane der Partei-Apparatschiks großgezogen. Mit ihrer moralischen Sensibilität, ihrer nüchternen und realistischen Einschätzung der jetzigen Situation und ihrer Bereitschaft zum Anpacken der Probleme, erinnern sie mich an amerikanische Freunde, die ich in einer schon 50 Jahre alten Kommunität in Georgia kennengelernt habe. Über diese Koinonia Partners habe ich auch bei der Greifswalder Tagung berichtet, vor allem über ihre genossenschaftlich organisierte Entwicklungshilfe für besitzlose Landarbeiter und für Asylanten. Finanziert wird das mithilfe zinsloser Darlehen, die ein Förderkreis aufbringt. In einem Koinonia-Text heißt es:

„*Was die Besitzlosen in erster Linie brauchen, ist nicht Wohltätigkeit, sondern Kapital. Und was die Reichen brauchen zu ihrem eigenen wie zum Heil der Benachteiligten, ist eine vernünftige, gerechte und menschenwürdige Form der Hergabe ihres Überflusses.*"

Abends bei einem Glas Wein mit Hurtiennes überlegen wir, ob sich nicht ein Sammelfond wie bei dem amerikanischen Selbsthilfeprojekt einrichten ließe, als Anschubhilfe für den kleinen Betrieb auf der Insel Rügen. Ich rege an, dass Gerd Hurtienne mir ein Konzept zuschickt. Als er dann ein paar Tage nach der Greifswalder Tagung das Konzept übersendet, stellt er auch noch einmal die Konflikte dar, in die er sich durch seine Arbeit in der LPG verwickelt sah:

„Die Bauern arbeiteten teilweise in Gemeinschaft, teilten ihre Arbeit, teilten den Gewinn. Dies sind gute Ansätze für eine soziale Gemeinschaft, die leider schon durch die Form ihrer Entstehung zum Untergang verurteilt wurden. Die Bauernhöfe wurden zum größten Teil vernichtet, Dörfer verloren ihre Farbe, ihr Leben. Bauern wurden zu Landarbeitern verkrüppelt. Dies sind Tatsachen – und trotzdem gibt es einen schmalen Steig, der mich in meiner beruflichen Arbeit in eine solche Genossenschaft geführt hat. Ich hoffe, Sie werden dies nicht als eine Art Blendung oder als Augenverschließen vor der Realität werten. Die gemeinnützige Tätigkeit in der Genossenschaft auf unserer Insel Rügen, in der in Gemeinschaft gearbeitet, gewohnt, gebaut (ca. 50 Einfamilienhäuser für Genossenschaftsmitglieder) und Infrastruktur entwickelt wurde (Straßen, Wege, Küstenschutz) trägt für mich einen zutiefst gemeinschaftlichen und sozialen Charakter. Mit dieser Einstellung habe ich gelebt und gearbeitet; dahinter steht ein christlicher Glaube. Und ständig habe ich mich im Spannungsfeld des Ausgenutztseins durch das politische System der DDR, durch die SED-Funktionäre und meinem natürlichen Idealismus gefühlt. Auch das war Leben in der DDR. Eine Erfahrung. Was wird aus den von mir beschriebenen positiven Ansätzen einer sozialen gemeinsamen Tätigkeit, die auch in den gescheiterten LPGen stecken, möchte man diese nur sehen!?"

Später, bei meinem Besuch auf Rügen, wird in einer Gesprächsrunde mit Gerd Hurtienne und seinen Mitarbeitern über die Gemeinschaftsqualität als Erbe der alten LPG gesagt:

„Begonnen hatte die Gründung dieser LPG auch hier auf Rügen eigentlich sehr negativ. Es war eine Zwangsvereinigung sozusagen. Und ich glaube das war eigentlich auch schon das Ende. Aber da die Leute damals in der Gründerzeit der LPG in diese Genossenschaften gegangen

sind mit ihrem Hab und Gut, mit Vieh und Land und Maschinen, sie mussten dies, haben sie sich aber auch irgendwann daran gewöhnt, und es kamen junge Leute nach, und schon war ein Teil von diesem Ursprung auch vergessen, also das Negative, denke ich. Und man gewöhnte sich eigentlich daran, dass das jetzt ein Betrieb ist, der gegründet wurde, der läuft, der funktioniert. Und man wusste auch, dass man zusammen arbeitet. Es war ja an sich überschaubar, ein Feld zu bestellen, es zu pflegen und abzuernten, und jeder machte ein Stück davon und spezialisierte sich dann auch darauf: Der eine fuhr nur Traktor, der andere reparierte den Traktor nur, und der andere war am Stall und pflegte die Tiere, und das, denke ich, gab so eine Art Gemeinschaftsgefühl mit dem Namen LPG Genossenschaft. Und diese Genossenschaft wurde in der DDR eigentlich unter anderen Vorzeichen immer gesehen als ein VEB-Betrieb, der in der Industrie dann das Normale wurde. Und diese LPG hatte eben nicht nur die Aufgabe gestellt zu produzieren und ihre Leute Geld verdienen zu lassen, sondern sorgte auch, so haben wir das hier erlebt, für den privaten Bereich der Leute, für die Familien, d.h. für Wohnraum. Es wurden ja eine Menge von Häusern modernisiert, repariert und neugebaut, für die hiesigen Genossenschaftsbauern, und dies sorgte auch für eine Unterstützung der privaten Viehzucht, die einige Genossenschaftsbauern in all den Jahren trotzdem betrieben haben. Und das, denke ich, wurde von vielen Leuten auch so gesehen, als positiv und als eine wertvolle Sache."

In dieser Grundhaltung wird von den Beteiligten eine Bedingung für das Gelingen des Projekts gesehen:

"Dies ist so eine echte Chance. Die hat man im mittelständischen Bereich, so wie wir das sind, nur, wenn man versucht, einen Betrieb aufzubauen, und wenn ich jetzt sage als Familienbetrieb, dann meine ich jetzt nicht die Namen Perkur oder Hurtienne oder Streubel oder Dietrich, dann mein ich das eigentlich so, dass 25 Mann eine Familie sind, und wo jeder auch mal die Aufgaben des anderen übernehmen würde. Und dass der Schlosser in der Werkstatt, dass ich seine Arbeit respektiere, und dass der dafür gut bezahlt werden soll, aber der auch meine Aufgaben respektiert, wenn ich Geschäftsführer bin, und dass man auch füreinander da ist und dass jeder sieht, dass

seine Arbeit wichtig ist: vom letzten Schlosser bis zum Geschäftsführer, sage ich. Das macht eigentlich den Sinn eines mittelständischen Unternehmens und eines Familienbetriebs aus, dass man da zusammenhält. (...)

Gute mittelständische Betriebe arbeiten auch so, auch die Firma Timm in Dänemark arbeitet so, dass man das begreift: wenn man da einen Schulterschluss macht, dann wird man auch eine Chance haben, da vorwärts zu kommen. Und dass es auch nicht unbedingt der Sinn ist, dass sich in so einem Betrieb dann vielleicht fünf Mann bereichern; dass vernünftige Investitionen getätigt werden, mit Gewinnen, und auch soziale Maßnahmen für die Kollegen getätigt werden. Das sind eigentlich meine Gedanken in der Marktwirtschaft. Also: echt Familiensinn, aber auch dass Kinder, Nachkommen in diesem Betrieb wahrscheinlich wieder tätig sein werden. Gute Betriebe bauen sich in Generationen auf, sagt man."

„*Und wenn Sie fragen, was ist davon geblieben? Das ist eigentlich geblieben: das Kommunenhafte, das sich aber marktwirtschaftlich ordnen muss. Und da sind wir natürlich dabei, und das Kaufleute-Sein, das müssen wir alle jeden Tag noch lernen, aber ich denke, wir sind da auf einem guten Weg. Wir haben den Vorteil, dass wir diesen Schulterschluss, von dem Frank sprach, der ist eben da, untereinander, in den Werkstätten und auch untereinander überhaupt im gesamten Betriebskollektiv. Und wir bemühen uns auch noch, zusammen mit unseren ehemaligen Mitarbeitern aus der LPG zusammenzuarbeiten und ein wenig dienstgefällig zu sein, auch außerhalb der Marktwirtschaft."*

Auf die Frage, was denn bewahrenswert, was aber auch problematisch war an der alten LPG, sagen sie:
„ *... dass wir in der Vergangenheit doch, die meisten Menschen, in den Wirtschaftseinheiten zu reinen, ja, Robotern eigentlich herabgemindert waren. Der Bauer war nicht mehr der freie, schaffende Bauer in der Landwirtschaft zum Beispiel. Wir haben ihm die Verantwortung ganz einfach abgenommen. Der Meister, Brigadier, auch sie waren oftmals Ausführende, sie waren nicht kreativ, sie konnten nicht kreativ tätig sein, weil vom Plan her die Dinge vorgegeben waren, von der Wirtschaftsmisere her die Probleme vorprogrammiert waren und letzten Endes der Mann auf der Maschine oder im Stall nur noch*

Ausführender war. Er hatte keinen Einfluss auf das Futter, er hatte keinen Einfluss auf den Futtereinsatz, er hat mit der Forke gearbeitet, mit dem Traktor gepflügt, aber Qualität und all diese Dinge, das verflachte immer mehr. Das ist nicht bedauerlich, dass dies jetzt vorbei ist. (...) Wir merken jetzt sehr gut, wie die Marktwirtschaft plötzlich greift. Wir haben z.B. das Düngerstreuen in diesem Frühjahr sehr plastisch erlebt. Das war sonst eine Arbeit, da haben sich 25 bis 30 Arbeitskräfte mit beschäftigt, um vielleicht 2000 Hektar zu bedüngen. (...) In diesem Jahr haben das vielleicht 8 bis 10 Leute gemacht, mit neuer Technik, mit bedeutend weniger Maschinen, und sie haben sich anders eingebracht. Bedauerlich ist, und dass ist vielleicht eine Erkenntnis mit der wir lange nicht fertig werden, und mit der unsere Menschen lange nicht fertig werden, das (Fehlen des) Behütetseins in diesem kommunenartigen Gebilde. Wir hatten eine umfangreiche innere Organisation. Also wenn man ein Problem hatte, ging man zum Vorsitzenden oder zu seinem Meister oder zum Abteilungsleiter, je immer nach Kompetenz und Vertrauensfrage. Es war aber ein Ansprechpartner da, an den man sich unbedingt wenden konnte. Das ging los bei der kranken Frau, vom kranken Kind bis hin zur Lehrstelle, bis hin zum Sack Zement, der gebraucht wurde, um eben eine Wohnungsreparatur zu machen oder bis zu einem Brett oder bis zum Häuserbau oder eben bis zu Problemen, die mit der Viehwirtschaft zusammenhängen. Das sind alles Dinge, die natürlich dieses gemeinsame doch bewahrenswert machen; auch der Anteil am Erwirtschafteten, da es doch relativ gleichmäßig verteilt war, die Gehälter waren nicht so weit auseinander wie das z.B. in der Marktwirtschaft in der alten Bundesrepublik war. Ein Manager einer 4000-Hektar-LPG bekam vielleicht 1800 Mark, Ostmark damals, und ein guter Traktorist verdiente vielleicht 1200 bis 1300 (Mark) mit den Inventarbeiträgen bzw. mit den Naturprodukten, so dass die Differenz gar nicht groß war. Das sind eigentlich doch so Dinge, die in der neuen Wirtschaft nicht so ohne weiteres übernommen werden. Also das Zusammengehörigkeitsgefühl war doch sehr groß und gewachsen."

„Es ist aber auch zu sagen, dass dieses Geborgenheitsgefühl von vielen ausgenutzt wurde, negativ ausgenutzt wurde, das zeigte sich dann eben in der Arbeitshaltung, in dem eigenen Leistungsanspruch, den man an sich stellen kann. Und das war eigentlich auch ein ständiges Problem, das diese Gemeinschaft begleitet hat, dass es immer wieder Leute gab, dass es Nischen gab, in denen man sich auch verkriechen konnte. Und wenn dann der übergeordnete Leiter sich nicht dafür einsetzte, um dieses Problem abzuschaffen, dann konnte das auch sehr lange so gehen. Das Beispiel wurde ja genannt mit dem Düngerstreuen, mit wieviel weniger Leuten man eine gleiche Arbeit ausführen kann, das ist eine Sache, die, denke ich, nicht beherrscht wurde."

Der Betrieb besteht aus dem ehemaligen Technikstützpunkt der LPG Lauterbach auf Rügen und hat sich die Rechtsform einer GmbH gegeben. Grundstücke, Gebäude und Werkstätten waren nach der Auflösung der ehemaligen LPG von der Treuhandanstalt Rostock zu kaufen. Zum Leistungsangebot des Betriebs gehören Landmaschinenreparatur- und Handel, PKW-Service und PKW-Recycling, eine Bauschlosserei sowie Kommunaltechnik, darunter sind unter anderen zu verstehen: Bau von Rad-, Wander- und Fußwegen, Anpflanzungen von Sträuchern und Gehölzen, Maßnahmen zur Landschaftspflege, zum Uferschutz und zur Pflege der Badestrände.

Gerd Hurtienne schreibt dazu:
„Unserem Territorium bieten wir somit ein breites Spektrum an Leistungen an, die teilweise schon auf gute Resonanz in der Bevölkerung und in den umliegenden Betrieben gestoßen sind. Aus unserer sehr interessanten geographischen Lage im Südosten der Insel Rügen, eingebettet in das Landschaftsschutzgebiet am Greifswalder Bodden, ergibt sich eine große Verantwortung für ein umweltgerechtes Wirken in der neuen GmbH. Obwohl das Unternehmen die äußere Form eines Privatbetriebes haben wird, soll sein ureigenster Charakter nicht die Gewinnorientierung für einige wenige Gesellschafter, sondern die sinnvolle Arbeit und somit eine Erwerbsmöglichkeit für Mitarbeiter und perspektivisch eine gemeinnützige Tätigkeit beinhalten. Diese zuletzt genannten Gedanken sind mir und meinen Mitarbeitern sehr wichtig und werden im Gesellschaftsvertrag eingearbeitet. Der Finanzierungsplan sieht Bankkredite in einer Größenordnung von rund 800.000 DM vor. Aus unserer Erfahrung sind die Kreditinstitute aber nicht bereit, auf dieser Grundlage zu finanzieren, vermutlich bieten wir ihnen nicht die Sicherheit, die in der Alt-BRD üblich ist. Wir sind jedoch der Auffassung, dass unsere Gesellschaft mit dem vorliegenden

Konzept die Existenzgründung schafft. Wenn wir den Einstieg bewältigen. Dieser Einstieg ist zum Kernproblem geworden. Wir als Gesellschafter verfügen nicht über das notwendige Eigenkapital. Dieses zu besitzen war durch ehrliche Arbeit in der DDR-Landwirtschaft nicht möglich."

Dann kommt Gerd Hurtienne auf unser Gespräch in der evangelischen Akademie über einen eventuellen Sammelfond aus zinslosen Kleindarlehen zurück. Wenn etwa 100.000 Mark zur Verfügung gestellt werden könnten, um den Grund und Boden für das neue Unternehmen zu erwerben, schreibt er, werde der Betrieb bei jeder Bank weitere Kredite bekommen. Da ich selbst von Landwirtschaftstechnik nur sehr wenig verstehe, einer meiner Mitarbeiter in der Hochschule, Lippold vom Steimker, jedoch vor seinem Studium eine Ausbildung in der Landwirtschaft abgeschlossen hat, schickte ich diesen Mitarbeiter im Januar ,91 nach Rügen. Sein sachkundiger, positiver Bericht bestätigte den günstigen Eindruck, den ein kleiner Kreis von Freunden und Bekannten inzwischen vom Projekt Lauterbach hatte. Anfang Februar ging der erste Rundbrief ab, mit dem zunächst vor einer endgültigen Zusage die Bereitschaft erkundet werden sollte, bei dieser Anschubhilfe mitzumachen. In dem Schreiben, das an über 50 Empfänger ging, heißt es:

„Aufgrund alle erreichbaren Informationen, sämtliche Unterlagen hat man uns bereitwillig zugänglich gemacht, lässt sich erwarten, dass der kleine Betrieb sich dort mittelfristig gut behaupten kann, zumal wenn er sich zunehmend an ökologischen Aufgaben beteiligt, z.B. mit umweltfreundlichen Energietechniken und Landschaftsschutz auf einer Insel, die künftig auch wieder ein beliebtes europäisches Feriengebiet sein wird. Vorläufige Zusagen für eine Beteiligung gibt es übrigens bereits einige, auch aus Greifswald. Dass es einen West- und einen Ostflügel bei dieser Hilfsaktion geben wird, halte ich für sehr gut, ohnehin ist ja die Gesamtsumme dieser Anschubhilfe vergleichsweise bescheiden."

Ihr Wert bestünde neben der ökonomischen Anfangsentlastung wohl auch in ihrer symbolischen Bedeutung. Sie drückt Anteilnahme an einem Vorhaben auf Rügen aus, dessen Mitarbeiter sich in schwieriger Situation neu orientieren und zur Selbsthilfe entschlossen sind. Neben meinem Gruß schrieb ich noch den Satz: *Si vis pacem, para pacem / Wenn du Frieden willst, bereite ihn vor.* Denn in den Tagen, in denen der Brief versandt wurde, war der Golfkrieg im Gange, der alle Gemüter bewegte und wochenlang in Bann zog. Manche aus unserer Initiativgruppe dachten, dass unser Rügenprojekt in dieser Situation keine Beachtung finden würde, und so kam es, dass durch Schreckensnachrichten aus der ehemaligen DDR über Bankrottwirtschaft und Stasi-Verbrechen, die ursprüngliche Sympathie für die Brüder und Schwestern drüben bereits spürbar im Abklingen war. Trotzdem gab es viel positive Resonanz auf das Rundschreiben, und eine Fülle von Kommentaren, praktischen Anregungen und Hinweise auf weitere anzusprechende Helfer. Hier eine kleine Auswahl zustimmender Antworten:

„*Selbsthilfe ist immer erfreulich. Hilfe zur Selbsthilfe eine sinnvolle Hilfe.*"
Oder: „*Ich freue mich sehr, direkt helfen zu können, vorbei an all dem Geziehe und Gezerre um Eigentum, Kosten und Investitionsbereitschaft.*"
Und: „*Ihre Idee finde ich sehr gut. Nur so wird es gelingen, Unsicherheiten, Not und Verfall zu beseitigen. Hoffentlich beteiligen sich viele Menschen an diesem Projekt.*"
Oder: „*Es ist leicht, über solche Vorhaben zu theoretisieren; hier gibt es die Gelegenheit etwas zu tun. Motivationshilfe ist vielleicht genauso wichtig wie das Geld.*"
Und: „*Das Vorgehen leuchtet mir sehr ein. 25 Arbeitsplätze sind sehr viel in einer Region, in der laut Norddeutscher Zeitung in manchen Orten, zum Beispiel Binz, bis zu 60% Arbeitslosigkeit drohen.*"

Die Ablehnungen wurden meist so begründet, dass man zwar das Projekt unterstützenswert fand, aber schon bei anderen ähnlichen Vorhaben in der ehemaligen DDR mit größeren Beträgen eingestiegen sei. So schrieb ein Kollege: „*Ihr Versuch, einen Rügener Kleinbetrieb zu retten, ist höchst unterstützenswert. Dennoch kann ich leider nicht mithelfen, da ich in anderer vergleichbarer Angelegenheit schon intensiv und auch finanziell engagiert bin. Es geht um die Rettung der in Leipzig erscheinenden Zeitschrift „Pi-Ay", die wohl einzige nicht konzernabhängige Zeitschrift in der deutschen Rock/PopMusikszene.*"

Manche schicken ausführliche Briefe. In einem zitiert die Schreiberin, die sich selbst mit einem größeren Betrag beteiligt, die FAZ. Die Zeitung schreibt, dass gerade ältere Menschen, die jetzt Rentner oder Pensionäre sind, hübsche Summen angespart haben, die demnächst vererbt werden dürften. Aus solchen Vermögen könne doch kurzfristig Kapital zur Verfügung gestellt werden. Der Wunsch, dabei einen Profit zu machen, sollte bei den Gebern allerdings keine Rolle spielen, fügte die Schreiberin hinzu.

In einem Gespräch, das ich mit einer befreundeten Lehrerin führen konnte, fiel auch das Wort „Sozialismus". Ich fragte sie, was sie heute noch darunter verstünde:
„Na ja, für mich ist der natürlich gar nicht negativ besetzt. Denn ich weiß nicht, wenn so in meinem Bekanntenkreis, wenn wir darüber gesprochen haben, wir haben nie empfunden, dass der Sozialismus in der DDR oder irgendwo verwirklicht ist. Sondern wir haben natürlich immer den Sozialismus in seiner ‚reinen Form' gesehen und uns vorgestellt. Und deswegen ist das immer noch, hat das immer noch sehr viel positive Vorzeichen. (...) Für mich würde er schon darin bestehen, dass also das Einkommen gerechter verteilt ist und dass man auch die Ressourcen nicht einfach nur ausbeutet, um Gewinn zu machen, sondern eben wirklich verträglich für die gesamte Umwelt, also Mensch und Natur (...) und ich meine eben, das müsste eigentlich in so einem sozialistischen System besser gehen oder überhaupt nur gehen, im Vergleich zum kapitalistischen, wo ja immer der Gewinn das Zentrale ist im Denken."

Auf die hierzu passende Frage an meinen nach Rügen entsandten Mitarbeiter, welche Eindrücke er vom Beziehungsklima im neuen Betrieb dort gewonnen habe, sagt er:
„Ich habe den Umgang der Menschen dort, die also früher alle Mitarbeiter, Mitglieder der LPG gewesen sind, als sehr freundschaftlich in Erinnerung. Das heißt, es ist durchaus mehr als die bloße Fürsorge – es ist das Interesse füreinander, es ist, ja: das Umgehen miteinander, was darüber hinaus, was über den normalen Arbeitszusammenhang doch ein Stück weit hinausgeht. Das ist auch im Januar für mich noch durchaus spürbar

gewesen. Wenn ich den Umgang dieser, der Mitarbeiter, die ich dort kennengelernt habe, mit einem Betrieb in vergleichbarer Größe im Westen vergleichen würde, dann wären da doch einige Unterschiede feststellbar. Es ist zwar sehr klar spürbar gewesen, wer die Menschen sind, die doch gewissermaßen initiativ sind, die mehr die Fäden in der Hand haben. Trotzdem hat es nicht den Charakter von Chef- und Mitarbeiterverhältnis gehabt, wie ich das eben doch in Betrieben in den alten Bundesländern dann spüren würde."

Im ganzen erklärten sich schließlich 47 angeschriebene Adressaten mit durchschnittlich 2000 Mark zur Beteiligung bereit (zur Hälfte Frauen), darunter überwiegend Hochschullehrer, Publizisten und Schriftsteller, viele Lehrer und Lehrerinnen – quer durch die Republik und sogar aus den USA. Einige boten spontan an, sich über das Darlehen hinaus im vorgeschlagenen Förderkreis nützlich zu machen.

Es versteht sich, dass wir auch Gerd Hurtienne über die Rundschreibenaktion ins Bild setzten.

„Gut ist es zu wissen", schreibt er daraufhin unter anderem, „dass in diesem nun sehr marktwirtschaftlich auszuprägenden Land auch ideelle-finanzielle Hilfe möglich ist. Dies könnte eine große Überraschung für uns werden. Und den Schwerpunkt möchte ich auf beide Worte legen: ideell/finanziell. Die zuerst genannte Hilfe ist ebenso wichtig, fruchtbar und ermutigend für unser junges Unternehmen."

Im März 1991 fuhr ich selbst nach Rügen. Aus dem Reisetagebuch:
Bei einer ersten Rundfahrt zeigt mir Gerd Hurtienne die nächste Umgebung des Lauterbach-Standorts: Dörfer, die kleine Stadt Putbus, den Hafen Lauterbach, wo gerade frischgefangene Ostsee-Heringe verpackt werden. Nahebei wird in besonders schöner Landschaft ein neuer Segler- und Freizeithafen entstehen. Der Bau ist schon geplant und wird dem Lauterbachprojekt einen zusätzlichen Lagevorteil verschaffen. Gegenüber die kleine frühere Bonzen-Insel Vilm. Aus der Honecker-Ferienresidenz ist kürzlich eine internationale Öko-Akademie entstanden, mitgetragen vom Bonner

Umweltministerium. Das ganze Gebiet hier, der Südosten der Insel Rügen, ist „Biosphären"-Region, anerkannt von der UNESCO und daher besonders förderungswürdig für Landschaftsschutzmaßnahmen und Öko-Projekte.

Der Betrieb besteht aus einem großen Hof mit Werkstatthallen und Lagergebäuden, einer Tankstelle und einem kleinen Verwaltungstrakt. Überall Landmaschinen, nagelneue zum Verkauf und alte zur Reparatur, dazu große Mengen Schrottautos, DDR-Fabrikate zumeist, die hier ausgeschlachtet werden. Manche Halle der ehemaligen LPG-Maschinenstation, steht noch leer und wartet auf eine neue Bestimmung, z.B. als Liegewerft für Boote auf der Ostsee.

Da die Raiffeisenbank nun dem neuen Betrieb Kredite einräumen will, ist jetzt mit unserem Sammelfonds keine Zeit mehr zu verlieren. Das Geld könnte der Betrieb zunächst für den Kauf seines Grund und Bodens an die Treuhand überweisen. Voraussetzung für alles weitere. Beim Mittagessen treffen wir Pfarrer Biermann aus Vilmnitz, der mit Gerd Hurtienne befreundet ist. Er war Mitbegründer des Neuen Forums hier und Vorsitzender des Runden Tischs bei den Ereignissen im Herbst 1989. Auf meine Bitte hin erzählt er, wie sich aus dem „Dialogangebot" der bereits verunsicherten örtlichen Machthaber nach dem Muster von Leipzig und anderen Städten die Eigendynamik der Volksbewegung entwickelt hat, die ähnlich überall in der DDR zur Wende führte. Wir sind uns einig, dass vorübergehend bestehende Einrichtungen nach Art des Runden Tischs, die meist aus kirchennahen Gesprächskreisen entstanden sind, in Gestalt von Bürgerinitiativen weiterwirken sollen: um beizutragen zur Lösung aktueller Probleme in einer Region und ergänzend zur Tätigkeit von Parteien. Ein großer Schatz von Erfahrungen liegt hier bereit, der bisher kaum nutzbar gemacht worden ist für die Bürgerbeteiligung am öffentlichen Leben, für politisch-kulturelle Bildungsarbeit und Bewusstseinsentwicklung. Pfarrer Biermann bestätigt allerdings auch, dass derzeit viel Resignation bei den früheren Teilnehmern von Runden Tischen umgeht: sie fühlen sich vom Gang der Ereignisse an den Rand gedrängt und konnten ja auch gegen den umfassenden Systembankrott der DDR kaum wirksame Heilmittel anbieten.

Ausflug mit Gerd Hurtienne auf die Insel Vilm:
Die Residenz der ehemaligen Bonzen ist eingerichtet wie die Campus-Anlage einer amerikanischen Provinzuniversität, das Gelände naturbelassen und doch mit viel Bequemlichkeit ausgestattet. Hier finden jetzt Tagungen zu ökologischen Weltproblemen statt. Gut zu wissen, dass diese Umweltakademie in unmittelbarer Nachbarschaft zu „unserem" Betrieb liegt! Wir machen eine große Rundwanderung um das Inselchen mit seinem Bilderbuchsandstrand voller bunter Steine und mit altem Baumbestand im Inneren, der wie ein kleines Urwaldparadies wirkt. Inspiriert durch den neuen Ortsgeist der Öko-Akademie besprechen wir mittelfristige Perspektiven für das junge Unternehmen: umweltfreundliche Energieproduktion mit Wind- und Solaranlagen soll zu den künftigen Aufgaben des Betriebs gehören. Autos mit Elektroantrieb ohne Abgase und ohne Lärm könnten als Leihwagen für Rügentouristen angeboten werden, ebenso elektrisch betriebene Boote wie am Bodensee, auch zum Ausleihen, die Besuchern und Tagungsteilnehmern die neue sanfte Technik an Ort und Stelle anschaulich vorführen.

Unser Förderkreis, so besprechen wir einvernehmlich, könnte sich auf mehreren Gebieten nützlich machen: beratend bei der Entwicklung und beim Ausbau des Betriebs, bei Weiterbildung und Umschulung, bei der Zusammenarbeit mit der neuen Umweltakademie und bei der Öffentlichkeitsarbeit. In Rundfunksendungen (wie dieser hier) und in Presseberichten lässt sich über das Rügenprojekt informieren und zur Nachahmung einladen ...
Abends dann ein Werkstattgespräch mit Gerd Hurtiennes Mitgesellschaftern. Es verläuft in sehr freundschaftlicher Atmosphäre. Zur Rolle des Förderkreises wird gesagt:
„Wir haben damals daran geglaubt, dass das alles sehr unkompliziert geschehen mag und haben aus diesem Grunde den notarischen Kaufvertrag im Dezember mit der Treuhand, mit der LPG und mit uns als GmbH gemacht, so dass wir nun in die Pflicht genommen werden konnten oder auch in die Pflicht genommen werden. Von der Treuhand hatten wir einen sehr knappen Termin, vom 19. Dezember bis 15. Februar sollten wir die 100.000 Mark aufbringen. Wir mussten uns letzten Endes damit einverstanden erklären, weil der Partner

der Treuhand ebenso hart die Kaufverhandlungen mit uns führte. Da haben wir das erste harte „Marketing" sozusagen, oder die Marktwirtschaft mal hart kennengelernt und haben uns also dann damit einverstanden erklären müssen; sind heute sehr froh, dass wir uns einverstanden erklärt haben, weil wir ganz einfach vom rein rechtlichen her einen Kaufvertrag haben. Das Geld über den Kredit, über den ERF-Kredit und über das Eigenhilfekapital-Programm ist leider bis heute nicht vorhanden. Aber es sind Zahlungstermine da, und wir hätten schon, ja: eigentlich den ersten Konkurs anmelden müssen, wenn wir uns nicht auch gedanklich weiterentwickelt hätten und nach Finanzierungsmodellen gesucht haben. Und da hat uns doch, das möchte ich vielleicht hier mal zuerst auch einfügen, das Gespräch in Turow (in der Evgl. Akademie), das ja der Auslöser unserer heutigen Runde auch ist, doch sehr viel Mut gemacht. Und das hat auch bei meinen Kollegen hier gleich gegriffen. Obwohl sie (...) solche Dinge vorher nicht kannten, habe ich sie eigentlich mit der Argumentation gleich überzeugen können, also dass (...) es möglich wird, über so einen Förderkreis uns zu helfen, und das ist für uns eine echte Hilfe. Und dann ergab sich daraus, durch den Schriftverkehr – Sie deuteten an,-, versuchen Sie doch mal, bei sich auch einige Initiativen zu wecken' – da kamen wir irgendwie auf die Idee und haben gesagt, es muss doch möglich sein, dass wir mit Sachanteilen aus dem Sozialplan einen Teil an die LPG bezahlen. Und das haben wir dann wieder mit dem Verwaltungsrat und mit dem Personalrat in Übereinstimmung gebracht, und wir haben dann unsere 25 Mitarbeiter darauf angesprochen, und bis auf ganz, ganz wenige Ausnahmen haben im ersten Anlauf alle ihre volle Summe zur Verfügung gestellt."

Und zu den Perspektiven für die Weiterentwicklung sagt Gerd Hurtienne: „Wird es möglich sein, dass wir uns hier erhalten? Ich denke schon, aus meiner Kenntnis aus dem Kreistag und aus dem Strukturkonzept für diese Insel. Diese Insel wird in der Marktwirtschaft bestehen, und sie wird sich nicht nur vermarkten lassen, sondern sie wird auch ein Wort dabei mitreden wollen. Dass wir die Schönheit dieses Landstriches, dieser größten deutschen Insel, die so viel Geschichte hat, dass wir die auch für die Zukunft bewahren. Gerade wir hier leben ja in dem südost-rügen'schen Endmoränen-Gebiet, das auch als Biosphärengebiet internationalen Charakter bekommen wird, und auch gerade in diesem Gebiet wird die Landwirtschaft *nicht untergehen. Und Herr Böttcher, einer unserer neuen Betriebsleiter, bzw. einer der Leute, die aus der LPG heraus ein landwirtschaftliches Unternehmen bilden, dieser Herr Böttcher, als Diplomlandwirt und als ein sehr sachverständiger Mann der Wirtschaft wird gerade in diesem Gebiet hier eben extensive Landwirtschaft versuchen zu betreiben, und das wird sicher der Weg sein: Nicht so sehr die Flächenstillegungen werden diese Insel betreffen, sondern vielmehr eine Landwirtschaft, die nicht intensiv auf hohe Erträge aus ist, aber auf eine Bearbeitung möglichst der gesamten Fläche, weil gerade die Insel Rügen doch so strukturiert ist, dass die vielen Einbuchtungen und Inselteile ganz einfach gepflegt werden (müssen), und das wird sicher zunehmend im Land auch erkannt. So dass ... hier neben der Landwirtschaft, verbunden mit dem Tourismus, der ‚weich' bleiben sollte, ...auch Dienstleistungen, die ganz einfach über den Tourismus dann erforderlich werden, ..(entstehen werden). Ja, ich denke, wir liegen hier in einem Gebiet, wo wir unbedingt die Chance haben zu überleben, und wo wir auch mitbestimmen, was hier gemacht wird. Und da brauchen wir natürlich die Hilfe aus den alten Bundesländern. Die Fehler, die dort gemacht wurden, müssen wir nicht nochmal machen, und dass wir die Mittel, die heute aus den alten Bundesländern hier rüberkommen, gut einsetzen, da brauchen wir Hilfe; da bringen wir uns selbst ein ‚... indem wir auch die Ärmel hochkrempeln. Und wir ganz persönlich haben eigentlich zu Beginn dieses Jahres, als wir auf eigene Rechnung und Gefahr mit der Wirtschaft begonnen haben, gesagt, wir müssen so arbeiten wie in der alten Bundesrepublik nach 1949. Dass von der Basis her aufgebaut werden muss, und ich glaube, dass doch unsere Mitarbeiter da sehr viel mittragen."*

Eine Auswahl von Stellungnahmen zum Rügenprojekt hatte ich mitgenommen und vorgelesen. Ich begann mit kritischen Äußerungen, auch mit Ablehnungen. Hier ein besonders extremes Beispiel, das mir ein alter Bekannter, früherer Manager in einer norddeutschen Werft, zuschickte:

„Um es rundheraus zu sagen: So wie sich das Projekt in der Anlage zu Deinem Schreiben darstellt, halte ich es von vornherein für ein totgeborenes Kind. Wir alle sollten Herrn Hurtienne und seine Frau davor warnen, sich in dieses Abenteuer zu stürzen. Mit der immensen Schuldenlast wird er nicht nur sich

persönlich unglücklich machen; die Familien seiner Mitarbeiter, die sich auf ihren alten Chef verlassen, werden mit betroffen und in den Hoffnungen enttäuscht werden, dass man den (personell natürlich total überbesetzten) technischen Betrieb der LPG als selbständiges Unternehmen weiterführen könne. So traurig es ist, und so sehr es einem weh tut: Den Leuten ist mehr damit gedient, wenn man ihnen die ungeschminkte Wahrheit sagt, damit sie sich rechtzeitig auf die Unbequemlichkeiten der Freiheit und die Gesetze der Marktwirtschaft einstellen können ..."

Auf diese Kritik folgte bei meinen Zuhörern doch zuerst einmal betroffenes Schweigen. Sie spüren die Verantwortung, sprechen es auch aus. Sie trauen sich aber zu, das Vorhaben zu meistern. Da der Grundton auch dieses am stärksten skeptischen Briefs freundlich ist und Sympathie durchklingen lässt, sagen sie: *„Auch das müssen wir uns natürlich anhören, aber damit können wir leben."*

Als ermutigend, oft fast ungläubig-überrascht, nehmen sie die positiven Stellungnahmen auf und sind beschämend dankbar für die Bereitschaft unserer Förderer, hier etwas zu tun. Sie haben so etwas kaum für möglich gehalten, denn inzwischen ist das Bild vom „Westen" vielfach geprägt durch Erfahrungen mit Geschäftemachern, Treuhandbürokraten, Bank-Haifischen und „Besserwessis".

Ich fühle mich etwas unbehaglich und verlegen angesichts solcher überrascht-ungläubigen Reaktionen und möchte auf keinen Fall den großen Zampano mit den Spendierhosen spielen. Im Grunde weiß ich nicht so recht, wie ich mit dieser neuen Rolle umgehen soll. Ich erzähle noch etwas ausführlicher von den amerikanischen Anregern unseres Projekts und auch vom „Netzwerk Selbsthilfe" in Berlin. Ich versuchte also, so gut ich konnte, etwas von der Motivation unserer Förderer verständlich zu machen: kritische Minderheiten gibt es überall, und manchmal meckern sie eben nicht bloß, sondern machen auch Nägel mit Köpfen.

In den Antwortbriefen stand öfter, was einige mir auch am Telefon sagten: bei so viel Ohnmachtsgefühlen, wie sie durch die immer unübersichtlichere

Situation in der früheren DDR, in Osteuropa und am Golf entstanden – in jenen Tagen und Wochen waren die Kriegsereignisse im Irak das alles beherrschende Thema –, bei so viel intensiv erlebter Ohnmacht war der Wunsch etwas Konkretes zu tun bei vielen Menschen groß. Manchmal versteckte sich diese Bereitschaft zu helfen auch hinter einem liebenswerten Understatement, wie bei einem Kollegen von mir (einem namhaften Design-Professor), der auf meine Frage, warum er sich am Rügenprojekt beteiligt, mit Augenzwinkern antwortete: weil er als kleines Kind im Sommer auf Rügen war und nie vergessen hat, dass er einmal irgendwo in Binz oder Putbus das weiße Kleid seiner Mutter mit Spinat vollgespuckt hat ...

Inzwischen sind 97.000 DM beisammen und wurden rechtzeitig nach Rügen überwiesen.

Wie geht es jetzt weiter? Die Chancen stehen nicht schlecht: Der Betrieb hat genügend Aufträge, gerade auch im Bereich seiner neuen Dienstleistungsangebote. Ein Netz von Kontakten bildet sich heraus; der Förderkreis, dem viele Hochschullehrer angehören, wird schrittweise tätig, sogar ein Erfahrungsaustausch mit ausländischen Universitäten ist eingeleitet.

Zur Einschätzung hier, in Westdeutschland, noch einmal mein Mitarbeiter, den ich fragte, ob er etwas über das Echo auf unser Projekt in seinem Bekanntenkreis sagen könne:
„Ja, ich habe durchaus so in meinem näheren Bekanntenkreis mit verschiedenen Menschen darüber gesprochen, und mein Eindruck ist der, dass vor allen Dingen Leute, die im Grunde dieser schnellen Einigung sehr kritisch gegenübergestanden haben, es sehr erleichternd finden, dass, ja dass solche Projekte in Gang kommen, die auch vom Westen unterstützt werden und nicht nur von staatlicher Seite unterstützt werden, sondern wo wirklich Privatmenschen sagen, wir sind bereit, einen finanziellen Beitrag für das zu leisten, was an Problemen dort ansteht. Und ich habe in meinem Bekanntenkreis auch eine, ja, eine gewisse Beschämung darüber festgestellt, dass auf der einen Seite diese Einigung sehr schnell mit vollmundigen Versprechungen vollzogen worden ist, und auf der anderen Seite doch jetzt eine ökonomische Realität sich dort entwickelt, die mit diesen Versprechungen im Grunde nicht

Schritt halten kann. Persönlich finde ich es interessant, dass in einer solchen ökonomischen Notlage, wie sie sich dort entwickelt, eben auch Ansätze von Selbstverwaltung sich verwirklichen, wie wir sie in der wirtschaftlichen Krise Anfang der 80er Jahre bei uns auch gehabt haben. D.h. im Angesicht einer großen Arbeitslosigkeit sind auch bei uns Projekte entstanden, die vor allen Dingen entstanden sind aus der Initiative derer, die dort arbeiten wollten und auch gearbeitet haben; Projekte, die im Grunde die Absicht hatten, das Schicksal in die eigene Hand zu nehmen. Und wenn jetzt so etwas in den neuen Bundesländern entsteht, finde ich das sehr ermutigend. Und dieses, ja dieses Schicksal selbst in die Hand zu nehmen, das ist etwas, was auch in meinem Umkreis als positiv aufgenommen worden ist, weil es eben auch dieses Klischee vom trägen, auf die Obrigkeit vertrauenden Ossi ein wenig sprengt."

Vielleicht könnte das Projekt wirklich etwas Modellhaftes haben: dass in einer Art Bürgerinitiative eigenen Typs an den Bürokratien von Staat und Banken vorbei Neues erprobt wird. Das Projekt könnte außerdem eine Chance bieten, weiter darüber nachzudenken, wie sich auch im marktwirtschaftlichen System dessen angebliche Sachzwänge (zum Beispiel astronomisch anwachsende Zinsen) teilweise außer Kraft setzen lassen – indem andere als ausschließlich ökonomische Gesichtspunkte mit ins Spiel gebracht werden. Zinslos gewährte Darlehen sind eine solche Möglichkeit. Die herrschende Geldwirtschaft bleibt dabei sozusagen die „Trägerwelle", aber – wie bei den Rundfunkwellen – lässt sie sich als Transportmittel für andere als nur ökonomische Ziele nutzen. Neue Werthaltungen sind seit jeher auf der Trägerwelle der alten in Umlauf gekommen.

Außerdem könnte uns die Selbsthilfepraxis der Mitarbeiter dieser ehemaligen LPG auf Rügen ein Licht aufstecken über die vielzitierte Motivationskatastrophe im gesamten ehemaligen Ostblock. Die Arbeit hatte dort teilweise wohl wirklich noch einen anderen Sinn als hauptsächlich den, möglichst effizient zu produzieren – eine Mentalität, die wir übrigens auch aus unserer eigenen Beamtenschaft kennen. Hier sind also ebenfalls andere als rein ökonomische Zielsetzungen mit im Spiel: nämlich auf die Qualität der sozialen Beziehungen gerichtete Motive.

Beim Rügenprojekt geht es also nicht nur um Anschubhilfe für einen neugegründeten Betrieb mit 25 Mitarbeitern, sondern auch um Beteiligung und Anteilnahme am Aufbau einer Selbsthilfestruktur, die in Ost und West noch großenteils kulturelles Neuland ist. Was sich hier abzeichnet, ist eine sozial und auch, wie wir gehört haben, ökologisch verantwortliche Form des Wirtschaftens, die nicht länger vom Staat erwartet, dass er als der große Übervater alles regelt und richtet. Stattdessen wird auf eigene Initiative und Selbsthilfe vertraut. Staatliche Einrichtungen können dabei zwar gewisse Rahmenbedingungen garantieren, entscheidend ist aber die selbstbestimmte Praxis einer Gruppe von Menschen, die den Aufbau ihres Betriebs in die eigene Hand nehmen. Es geht nicht länger um wissenschaftlich verbrämte Allmachtsphantasien von „Weltrevolution" und auch nicht um das planungsbesessene Austüfteln flächendeckender Arbeiter- und Bauernparadiese, sondern es geht um dezentrale Projekte überschaubarer Größenordnung, die experimentierlustig und offen auch für Überraschungen sind.

Das Ergebnis bis heute: Der Einstiegsbetrag ist aufgebracht. Die ersten Bäume auf dem von der Treuhand erworbenen Grundstück sind gepflanzt. In einem Brief vom 28. Juli 1991 schreibt Gerd Hurtienne:
„*Heute ist Sonntag, dazu der Tag des Erntebeginns in unserem ehemaligen Landwirtschaftsbereich. Diese Zeit birgt auch für uns viel Aufregung in sich, da wir die Maschinenbetreuung als Service- Leistung tragen. Insgesamt nehmen wir eine kontinuierliche Entwicklung, unser Auftragsbuch gibt Arbeit und Brot für unsere Mitarbeiter."*

---

*) Horst von Gizycki „*Mother Jones*" oder Ein anderes Amerika. Kritische Minderheiten in den USA. Fischer Sachbuch 1990

Tagebuchaufzeichnungen und Korrespondenzen Kassel - Lauterbach

Aus dem Tagebuch

Rügen für Christine Brückner zum 10.12.1991
- Kinderzeit – Erinnerungen -

Den folgenden Tagebuch-Text über seinen ersten Besuch auf Rügen im Sommer 1991 hat Horst von Gizycki mit Geburtstagsgrüßen an unsere Freundin Christine Brückner verschickt; sie gehörte zu den Ersten, die spontan auf den Rügen-Rundbrief reagierten; das war ein guter Start - als bekannte Romanautorin gab sie uns gleich die Zuversicht, dass wir es schaffen würden, die erforderliche Summe rechtzeitig zusammenzubringen. Die im Förderkreis versammelten Sponsoren kamen dann aus allen Lebensbereichen und Regionen Nord-, Süd- und Westdeutschlands ... viele aus dem Arbeits- und Kollegenumfeld der Initiatoren.
Der Text öffnet ein Fenster in die Welt eines „kinderlandverschickten" Berliner Jungen - der mitten im Bombenkrieg die Inseln der Ostsee als ein Ferienparadies erlebte.

An die befreundete Autorin CB.)
Ausflug mit Herrn und Frau Hurtienne nach Usedom.
Ich hatte ihnen erzählt, daß ich als Kind von Berlin aus während des Bombenkriegs mit meinen Schulkameraden nach Ahlbeck „kinderlandverschickt" war (1942/43) und seitdem die Ostsee-Orte auf Usedom nicht wieder besucht habe. Aus „sentimentalen Gründen", sagte ich, wollte ich gern während meines Rügenaufenthalts einen Abstecher dorthin machen, mit einem Leihwagen, auf eigene Faust. Die Hurtiennes ließen das nicht zu; allein in diese abgelegene Gegend zu fahren - wer weiß, was da alles passieren könnte. Kurz und gut: sie bestanden darauf, diesen Ausflug mit mir zusammen zu unternehmen. Da mochte ich mich nicht sträuben, und so brachen wir denn vormittags auf, im neuen tschechischen Skoda, den Gerd Hurtienne gerade vor kurzem von seinem tragisch (durch Freitod) ums Leben gekommenen Stiefbruder übernommen hatte.

Bei fast wolkenlosem Himmel fuhren wir über Stralsund und Greifswald nach Wolgast, wo die kurze Straßenbrücke auf die Insel Usedom führt. In Eldena, kurz hinter Greifswald, unterbrachen wir die Fahrt, um die bekannte Ruine des Zisterzienserklosters (gebaut im 12. Jahrhundert) zu durchwandern und zu bestaunen. Das Caspar-David-Friedrich-Bild hängt in Berlin, und einige der ehrwürdigen Bäume, die der Maler damals in seine Komposition eingefügt hat, stehen noch heute hochragend und mit dem unverkennbaren, feierlich-lebendigen Caspar-David-Friedrich-Geäst zwischen den gotischen Mauern aus dunkelrotem Backstein. Ort und Gestalt dieser Ruine haben große Ähnlichkeit mit den steil aufstrebenden Resten der Klosteranlage von Glastonbury (wo Renate und ich uns 1947 bei unserer Schülerreise nach England kennengelernt und angefreundet haben; der Grals-Legende nach war das der Ort von König Artus' Tafelrunde: spirituell hochenergiereiches Gelände!) Von Kloster Eldena aus, so informiert eine Schrifttafel den Besucher, haben die Zisterzienser damals die Stadt Greifswald gegründet und ihre Entwicklung gefördert.

Als wir auf dem Inselboden von Usedom sind, gestehe ich meinen Begleitern, daß ich jetzt doch etwas Herzklopfen erlebe: hier bin ich als Zwölfjähriger von Berlin aus vor fast einem halben Jahrhundert mit einer Horde Gleichaltriger für einige Zeit über Stock und Stein, Dünengras und Buhnenhölzer gerannt. Wir waren in einem Strandhotel untergebracht, in Ahlbeck. Dort gab es Lateinstunden im Speisesaal. Einer unserer Lehrer, Studienrat Wendt, wir mochten ihn, weil er uns oft zum Lachen brachte, hat die jeden Quartaner begeisternde, anal-humoristische Warnung vor allzu verschwenderischem Gebrauch von Klopapier (das damals knapp war) erteilt, mit ihrer pädagogisch dick-auftragenden Beschreibung der unbedingt zu unterlassenden Praxis von fünfblättriger Verwendung (wehe!) des kostbaren Materials: „Anwisch, Vorwisch, Hauptwisch, Nachwisch, Polierwisch ..." Ich werde das nie vergessen.

Im Rückblick sind es ungetrübte Schulkindtage in kriegsbedingt-begünstigter Situation, die etwas von andauernden Ferien hatten. Ein paar Erinnerungsfetzen fallen mir zu Ahlbeck ein: ein Zahnarzt, der mir (bei einer einzigen Behandlungssitzung!) gleich mehrere Milchzahn-Ruinen aus

meinen Kiefern hebelte - ein blutig-schmerzhaftes Gemetzel, das sich eindrucksvoll im Gedächtnis festgesetzt hat. Dann eine Szene aus dem Bereich kindlicher Molekular-Kriminalität:
Einmal (meine Mutter war zu einem kurzen Besuch aus Berlin hergekommen, und wir aalten uns am Strand) hatte ich beim Spielen in einem der dort an Land gezogenen hölzernen Fischerboote irgend etwas in der Takelage oder Rudervorrichtung durcheinander gebracht. Der erboste Fischer, dem der Kahn gehörte, kam laut schimpfend herbeigelaufen und wollte mich, so nahm ich an, zur Strafe verprügeln - gegen die lebhaften, aber wirkungslosen Proteste meiner Mutter. Ich lief weg, zwischen die Dünen; der aufgebrachte Fischer hinter mir her. Eine regelrecht Verfolgungsjagd begann, bei der ich aber als der Flinkere entkommen konnte. Ich gelangte auf Umwegen zum Hotel, zog mich um, so daß ich völlig andere Kleidung als vorher trug (das war die List, die ich mir ausgedacht hatte). Dann ging ich, äußerlich seelenruhig-unbefangen, innerlich ziemlich aufgeregt, langsamen Schritts zurück an den Strand, gab meiner Mutter kurz zu verstehen, daß sie mich nicht kennen sollte und ließ mich ein Stück entfernt von ihr nieder. Der Fischer war noch oben bei den Dünen zu sehen, erkannte mich aber nicht - worauf ich spekuliert hatte. Er beachtete mich gar nicht, weil er sich wohl nicht vorstellen konnte, daß der ängstlich weggelaufene Junge von vorhin als harmlos schlendernder Strandbesucher am Ort des Verbrechens nach kurzer Zeit wieder auftauchen könnte.

Schießübungen der Marine mit dem Zielschiff Zähringen, Fluglärm von Heinkel- und Messerschmidt-Maschinen dicht über den Dünen sind mir noch im Ohr; der Besuch auf dem Kreuzer Dresden im Kriegshafen von Swinemünde, Geländespiele in den Kiefernwäldern der Insel; Muschel- und Seesternsammeln am Strand, die Schiffsreise von Berlin nach Stettin über das Hebewerk Niederfinow, die Oder hinab ... : eine Fülle von Erinnerungen steigt hoch wie der Rote Adler im Brandenburg-Lied, das wir damals immer wieder sangen ...

Briefe

Dr. Renate von Gizycki , 34132 Kassel, Wilhelmshöhe Birkenkopfstrasse 4 A
4.11. 2009

Dipl. Ing. Martin Hurtienne
Vilmitzer Chaussee
D-18581 Lauterbach

Lieber Herr Hurtienne,

in diesen Tagen hören und sehen wir immer wieder Berichte rund um den „Mauerfall", die Medien sind voll davon.
Wir, das heißt Horst von Gizycki und ich verbinden mit diesen jährlichen Gedenktagen ganz persönliche Erinnerungen.

Und nun habe ich die traurige Pflicht, Sie und Ihre alten Mitarbeiter davon zu unterrichten, dass mein geliebter Mann ganz plötzlich - noch mitten aus laufenden Vorhaben - am Pfingstmontag gestorben ist. Ein wunderbares gemeinsames Leben ist unerwartet zu Ende gegangen. Ich bin dankbar für fast sechzig gelebte Jahre. Die Tage, die wir auf Ihrer schönen Insel verbringen durften, gehören mit zu den Höhepunkten dieser Zeit.
Mit Freunden, ehemaligen Studenten und Kollegen versuche ich die „zerrissenen Fäden" weiter zu knüpfen - es soll noch ein Essayband entstehen. Unter verstreuten Notizen und Tagebucheintragungen finde ich den folgenden Text, der auch den Anstoß zu diesem Brief gab:

„Mother Jones" oder Ein anderes Amerika - Kritische Minderheiten in den USA - Fischer-Sachbuch, 1990
„Das Taschenbuch hatte seinerzeit wenig Fortune, weil es gerade während der Wochen herauskam, in denen die deutsche Öffentlichkeit vom Vereinigungsrausch ergriffen war. Immerhin gab es ein erwähnenswertes Echo:
Kurz nach der Wende wurde ich wegen meines ‚Mother Jones'- Buchs nach Greifswald (evangelische Akademie) zu einem Vortrag über ‚Ein anderes Amerika' eingeladen und berichtete darin auch vom ‚Humanity Fund' der

christlichen, schon über 50 Jahre bestehenden Kommunität Koinonia in Georgia, die mit zinslosen Darlehen verarmten schwarzen Landarbeitern den Erwerb von Eigenheimen ermöglicht. (Im Taschenbuch Seite 140).

Meine Zuhörer (darunter nicht wenige vom Arbeitsplatz-Verlust bedrohte LPG-Leute aus Rügen) staunten nicht schlecht: im kapitalistischen Westen gab es also auch kreditgebende Fonds, die keinerlei Gewinn-Absichten verfolgten! Ein Transfer dieser Finanzierungslogik zinsloser Darlehensvergabe auf das zunächst von allen Banken verweigerte Bereitstellen eines Startkapitals für die Privatisierung des Rügener (metallverarbeitenden) LPGTeilbetriebs ermöglichte dann mithilfe meines damals kurzfristig eingerichteten weitverzweigten Fördererkreises (meist Hochschullehrer) den Erhalt von Arbeitsplätzen und die Neugründung eines bis heute blühenden und expandierenden Unternehmens (FLZ GmbH Lauterbach) ... „

Mit großer Freude und Anteilnahme hat mein Mann diese immer so eindrucksvoll dokumentierte Entwicklung des Unternehmens bis zuletzt verfolgt. Mit guten Wünschen für das Werk und auch ganz persönlich für Sie und Ihre Familie grüße ich Sie heute.

Renate von Gizycki

Sehr geehrte Frau Dr. von Gizycki,

ich danke Ihnen für Ihren Brief aus November 2009, in dem Sie uns vom Tod Ihres Ehemannes, Horst von Gizycki, informiert haben.

Die Nachricht haben wir mit Trauer aufgenommen, verbinden uns doch intensive Beziehungen in den sehr aktiven Jahren des Förderkreises, in dem Ihr Mann der Ideengeber und Macher war. Hinzu kommen persönliche Gespräche, Essen, kleine Wanderungen und auch 2 Radiosendungen, die über den Förderkreis und uns gemacht wurden.

Das Ganze tat uns sehr gut, unser Unternehmen ist nun bald 20 Jahre alt und entwickelt sich weiter. Die Gesellschafterstruktur hat sich ebenfalls verändert, stabilisiert.

Wir denken gerne an die Nachwendezeit zurück und das Glück Sie, die von Gizyckis, kennen gelernt zu haben. Und froh bin ich, dass wir immer einen kleinen Kontakt, wenn auch nur einmal im Jahr hatten.

Gerne würde ich Ihnen auch direkt von uns erzählen, Kassel ist nicht weit und auch unsere großen Kinder sind westlicher gezogen.......
.
Gerne lade ich Sie ein zu uns auf die Insel.

Herzliche Grüße auch von meinen Eltern Sigrid und Gerd Hurtienne sowie von meiner Frau Karen.

Ihnen ein gesegnetes Jahr 2010.
Ihr Martin Hurtienne
Lauterbach, Sonntag, 3. Januar 2010

Kassel, 7. Februar 2010

Dipl. Ing. Martin Hurtienne Vilmitzer Chaussee
D-18581 Lauterbach

Lieber Herr Hurtienne,

Ihre schöne Sendung zum Neuen Jahr erreichte mich drei Tage vor dem 80. Geburtstag meines geliebten Mannes, Horst von Gizycki, den wir - sicher in seinem Sinne - als kleine Gedenkfeier mit Lesungen und Gesprächen im Haus gefeiert haben. *)

Im Kreis von engen Freunden habe ich als Auftakt ihren wunderbaren Bericht und Brief vorgelesen, sind sie doch über die persönliche Beziehung hinaus auch ein Zeugnis für gelingendes Leben in unserer ja wirklich zur Zeit nicht besonders konstruktiven gesellschaftlichen Situation.

Dass Dinge gelingen können, auch gegen alle Prognosen und Widerstände, war immer die Überzeugung meines Mannes. Und dass es gottseidank immer wieder Überraschungen und ungewöhnliche Begegnungen gibt, ist ja in diesen Briefen aufs schönste dokumentiert: Brücken, von Berlin, (wo Horst von Gizycki geboren wurde), über Georgia (Koinonia), Rügen (FLZ Lauterbach) und Berlin (das Neue Museum), über einen nun schon historischen Zeitraum, sind ein Symbol für Zuversicht.

Dazu gibt es noch eine kleine Vorgeschichte für den Kontakt zur Evangelischen Akademie in Greifswald:
Frau Gombart, die damals dort mit vietnamesischen Studenten einen Gesprächskreis leitete, hatte über eine Freundin im „Westen", aus unserem kleinen Meditationskreis in Kassel, von meinem Buch: „Begegnung mit Vietnam - Geschichte eine Reise", gehört und darum gebeten, es ihr zu schicken. Dabei ergab sich offenbar auch ein Gespräch über das Amerika-Buch meines Mannes, für das sich dann Mitarbeiter der Akademie interessierten, und die Einladung an Horst von Gizycki aussprachen. Die Welt wird auf solche Weise dann doch wieder erfreulich überschaubar.

Auch über die familiären Berichte habe ich mich sehr gefreut, und ich denke, wir werden uns, hier oder dort, auch wieder einmal persönlich austauschen. Bitte melden Sie sich, wenn Sie unterwegs nach Marburg durch Kassel kommen. Seien Sie also sehr herzlich bedankt für Ihre so anteilnehmenden und und ermutigenden Worte und den schönen Sasha Waltz Film, der ja gerade auch den für meinen Mann so wichtigen Bezug zur Kunst herstellt.

Grüßen Sie bitte Ihre Eltern, Sigrid und Gerd Hurtienne, und Ihre Frau Karen. Dank und herzliche Grüße -

Renate von Gizycki

*) ich füge den Rundbrief zur Einladung bei: Lippold von Steimker hat ja damals meinen Mann mit seiner Reise zu Ihnen sehr unterstützt, und z.B.auch Helmut Skowronek unter den Hochschullehrern.

Warum wir heute diese Geschichte erzählen?

Entstehungsprozess dieses Heftes in Form einer E-Mail-Diskussion von Januar 2017 bis Juli 2017

Warum finden wir es heute so wichtig, diese Geschichte, die vor mehr als 25 Jahren stattfand, zu erzählen und damit einer Leserschaft zugänglich zu machen, für die die „Wende 1990" doch eher Vergangenheit ist?
Die Entwicklungen im Osten Deutschlands in den letzten 2 Jahren haben – nachdem dies lange kein Thema mehr war und viele davon ausgingen, der Angleichungsprozess zwischen Ost und West sei doch auf einem guten Wege - die Diskussion befördert, ob alles wirklich gut gegangen ist.

Pegida, die Entwicklung rechter Parteien wie der AfD und der Umgang mit Flüchtlingen sind nur einige der Themen, die heute auch unter dem Blickwinkel des Beginns des Zusammenwachsens diskutiert werden.Es hat da gute und schlechte Beispiele gegeben. Die Abwicklung im Osten hat vielerorts tiefe Spuren hinterlassen (siehe auch den Artikel in der FR im Juni 2017, „alte Geschichten, böse Erinnerungen" von Bernhard Honnigfort, sowie den Artikel von Julia Boek „AfD auf Rügen" in der taz von September 2016).

Jedoch, es gab auch positive Entwicklungen. Anfang dieses Jahres lag wie jedes Jahr ein Neujahrsgruß der Firma FLZ Stahl- und Metallbau Lauterbach im Briefkasten, mit einer schönen Ansichtskarte, die den amerikanischen Pavillon in Berlin zeigt und mit einem Dank für die Unterstützung der Gründung des Unternehmens im Jahre 1991.

Diese Botschaft wurde dann Grundlage und Ausgangspunkt für eine lebhafte Diskussion, ob denn gegen alle eher negativen Berichterstattungen es nicht an der Zeit wäre, über die Umstände und Bedingungen eines gelungenen Übergangs von einer in der ehemaligen DDR arbeitenden technischen LPG-Einheit auf Rügen in einen Betrieb zu berichten, der von den ehemaligen Mitarbeitern gegründet wurde, den Marktbedingungen entsprechen musste und heute ein angesehenes Stahl- und Metallbauunternehmen auf der Insel mit deutschlandweiten Aufträgen geworden ist.

Dieser Diskussionsprozess wird in der nachfolgenden E-Mail Korrespondenz zwischen Januar 2017 und Juli 2017 abgebildet als Beispiel für die vielfältigen Gründe, die Menschen bewegen, sich einer Sache anzunehmen.

Irmhild Cronjaeger

Mail-Korrespondenz von Januar bis Juli 2017 zum „Rügenprojekt"

From: **Renate von Gizycki**
Sent: **Monday, January 02, 2017**
Liebe Irmhild, ich habe wieder einen sehr dekorativen Neujahrsgruß von Martin Hurtienne, Lauterbach/ Rügen erhalten.
Beim Surfen fand ich diesen Eintrag der Firma (flz Lauterbach), zu deren Gründung Horst beigetragen hat, - vielleicht auch für Gerd von Interesse.
Love Renate
PS: In Berlin haben sie übrigens inzwischen große Projekte auf der Museumsinsel und mit Architekten wie Libeskind realisiert und eindrucksvoll dokumentiert; (also keine Luftschlösser.)

2017-01-07 Renate von Gizycki –
Lieber Björn, Du bist hoffentlich gut angekommen in diesem neuen Jahr! Ich schicke Dir diese Fw. Mail in der Annahme, dass Dich diese Erfolgsstory von Horsts Rügen Projekt 1991 (seinen berühmten „Luftschlössern") bis zu den Architekturprojekten der neuen flz-Landmaschinenkooperative, z.B. mit Daniel Libeskind in Berlin, interessieren und auch erfreuen werden. Heute nur diesen Gruß - wir werden bald noch mal gemeinsam überlegen, welche Ergänzungen oder Verbesserungen (up-to-date) z. B. in Wikipedia möglich und sinnvoll sind.
Liebe Grüße Renate

Lippold von Steimker an Renate von Gizycki
Liebe Renate,
danke für Deinen Neujahrswunsch! Ich erwidere ihn gern. Bislang bin ich mit diesen Wünschen etwas sparsam gewesen, da wir hier einen Haufen Arbeit hatten. Vielleicht interessiert Dich folgendes: Vor einiger Zeit sprach mich bei einer Veranstaltung Prof. Hans Martin (ehemals GhK) an, der weiland zu den Geldgebern für das Rügenprojekt gehörte und wollte wissen, was aus der

Angelegenheit geworden ist. Ich habe deshalb jetzt die Gelegenheit genutzt, Deinen Mail-Anhang an ihn weiterzuleiten, damit er sich von dem erfreulichen Fortgang ein Bild machen kann.
Aus dem Hintergrund lässt Elke auch die besten Wünsche ausrichten.
Sie herzlich gegrüßt von
Lippold

Liebe Renate,
hier noch die Antwort von Hans Martin.
Ja, es war ein guter Anstoß im Kleinen, verglichen mit den großen Abwicklungen im Osten, die damals aus Torheit und Ignoranz stattgefunden hatten. Horsts Verdienst ist es gewesen, zu erkennen, dass er es nicht mit Wendehälsen zu tun hatte, sondern mit Menschen, in die Vertrauen zu setzen war.
Und so ist es gut geworden.
Herzlich und mit den besten Wünschen
Lippold

Weitergeleitete Nachricht
Betreff: Re: Lauterbach
Tue, 3 Jan 2017
Von: **Hans Martin**
An: **Lippold von Steimker**
Lieber Lippold,
vielen Dank für die Information über die FLZ Lauterbach GmbH. Auf der homepage habe ich mir den Film über die Außenhaut des Museums in Stralsund angesehen. Es ist schon interessant, wie aus dem Projekt in 1991 solch ein guter Betrieb geworden ist.
Mit herzlichen Grüßen auch an Elke
Hans

From: **Renate von Gizycki**
Sent: **Thursday, January 05, 2017**
To: **Lippold von Steimker**
Subject: Renate Prof. Hans Martin: flz stahl- und metallbau lauterbach gmbh Geschichte

Lieber Lippold,

finde ich ja nett, dass Du trotz Haufen Arbeit die frohe Botschaft weitergeleitet hast. Vielleicht interessiert sich der Professor auch für den frühen HNA-Bericht - eine ganze Seite: „Wir machen alles was möglich ist" (1991) - das ist ja wirklich mal eine schöne story *)...

Bleibt gesund an Deck ! Herzlich Renate (für die solche Mails auch ein Schmerzmittel sind.)

*) siehe Homepage Horst und Renate von Gizycki - Anhang Nachruf

An **Irmhild Cronjaeger 06. Januar 2017**

Liebste Irmhild,

nochmal zum Rügenprojekt: nachdem Prof. Hans Martin als Antwort an Lippold den Film über den Bau des Ozeaneums in Stralsund so interessant fand, habe ich mir den Film dann angesehen, eine schöne Lektion in Technik und Architektur für mich; doch er ist wohl eher für Leute wie Gerd oder Bernd gedacht. Aber auch die Bilder aus Berlin (wahre Luftschlösser) sind eindrucksvoll. Und ich freue mich natürlich sehr, dass Horsts Verdienste bei der Gründung der Firma nun noch mal so schön - auch von Lippold - gewürdigt worden sind.

Der große HNA-Bericht von 1991 „Wir machen alles was hilfreich ist" zeigt ja noch mal, wie die Ausgangssituation war.*) Der Hessische Rundfunk hat übrigens eine Stunden-Sendung von Horst (auch mit Interviews) über Rügen zum 3. Oktober (!) gebracht - ich muss das Manuskript und die Kassette wohl mal für ein Archiv sichern (Böllstiftung - DAS GRÜNE GEDÄCHTNIS in Berlin ?)

Du siehst, es lässt mir keine Ruhe - manche Dinge brauchen halt ihre Zeit. Ich sehe diese ganze Aktion als irgendwie typisch für Horsts Wirken ... und ich bin froh, dass Du das wohl auch so siehst. Oder?

Lieben Gruß von Renate

evtl. Fw. Kopie an Bernd und s.a. HNA-Bericht siehe Homepage www.vongiz.de

Von **Renate von Gizycki**
Sent: **Monday, January 16, 2017**
To: **Lippold von Steimker**
Subject: 25 Jahre Neubeginn in Rügen eine Erfolgsstory

Lieber Lippold, heute, an Horsts Geburtstag, kam mir plötzlich die etwas verrückte Idee, dass Euer Rügenprojekt ja wirklich eine von den wenigen Erfolgsstories aus der Treuhandperiode ist: In der HNA kam 1991 damals die ganzseitige, bebilderte Reportage „Wir machen alles was hilfreich ist" ist von Karl-Hermann Huhn (s. Link Homepage Renate & Horst www.vongiz. de.)
In diesem Jahr kam dann wieder der erwähnte schöne Neujahrsgruß von Martin Hurtienne der flz-Lauterbach / Rügen und Deine Reaktion mit dem Kommentar von Professor Hans Martin.
Björn Buxbaum-Conradi (in Frankfurt) war von der FW-Info flz so angetan, dass er seinen Großonkel in California darüber informiert hat. (Siehe Mail von Björn. An mich) Also viel Echo .... Ich wüsste nun gern, ob Du, als der wichtigste Mitarbeiter von Horst an diesem Projekt, es gut fändest, wenn ich die HNA für dieses 25-jährigen Ereignis zu motivieren versuche, also für einen „Jubiläumsartikel"? Gerade ist meine Schwester da und fände es gut und DU und Elke? Herzlich grüßt Euch Renate.

Weitergeleitete Mail
From Björn Buxbaum-Conradi
Hi Renate,
danke für diesen Link. Den Peilturm am Kap Arkona habe ich schon gesehen. Schön, dass dieses von Horst mitgetragene Projekt die Generationen überdauert! Das könnte man bei Gelegenheit noch in den WikiArtikel einbauen. Ich glaube Horst hätte mit meinem Großonkel einiges auszutauschen gehabt. Der beschäftigt sich nämlich auch mit kommunalen Projekten, sowohl akademisch als auch ganz praktisch. Hier mal ein Link zu seinem Eintrag, damit du eine Vorstellung bekommst: http://luskin.ucla.edu/person/goetzwolff/
Love Björn

From: **Bernd Cronjaeger**
Sent: **Wednesday, January 18, 2017**
To: **Renate von Gizycki**
Subject: Renate Comment Per E-Mail senden: flz stahl- und metallbau lauterbach gmbh Geschichte
Besten dank liebe Schwester, habe noch mal flz gegoogelt und in der History das Wirken von Horst dokumentiert gesehen,

Herzlichen Glückwunsch und Respekt für diesen, wunderbaren, leider in Germany nicht zu oft wiederholten Erfolg.

Eine Zwischenbilanz im März 2017

Dr. Renate von Gizycki
Kassel 4. März 2017
Lieber Martin Hurtienne, Ihr eindrucksvoller Neujahrsgruß hat diesmal ein besonders schönes Echo gefunden, das ich Ihnen und Ihrem Team doch gern zur Kenntnis bringen möchte: Sind es tatsächlich schon, bzw. erst 25 Jahre her, dass Ihre Firma als eine mutige Neugründung, von der LPG-Lauterbach als flz zur GmbH an den Start gegangen ist?! Die flz-Projekte überall im Lande, besonders aber auch in der Region um Rügen, sind für mich nicht nur funktional, sondern auch ästhetisch eine große Freude! Mit Freunden habe ich mich erinnert, wie ungewiss es damals war, ob dieser Versuch, die Mitarbeiterfirma in dieser Form auf die Beine zu stellen, gelingen würde.
Hier nur ein paar kleine Beispiele für das Echo:
Lippold von Steimker: Das „Rügenprojekt" war dann wirklich ja eine von den wenigen Erfolgsstories aus der Treuhandperiode. (Sie erinnern sich vielleicht noch an das am Tag der Deutschen Einheit am 3. Oktober im Hessischen Rundfunk gesendete Rundfunkfeature: „Neubeginn auf Rügen".) So auch der Kommentar von Professor Hans Martin der sich das Video über das Museum in Stralsund mir besonders großem Interesse angesehen hat.
Die in der HNA - Hessischen Allgemeinen 1991 damals ganzseitige, bebilderte Reportage „Wir machen alles was hilfreich ist" von Karl-Hermann Huhn ist heute als pdf-Link auf der Homepage Renate & Horst www.vongiz.de. verfügbar, (gewissermaßen als Story „vom Schrottplatz in Lauterbach zu den Luftschlössern in Berlin".)
Björn Buxbaum-Conradi (ein junger Schriftsteller in Frankfurt,) war von der Internet Präsentation Info flz- Lauterbach so angetan, dass er gleich Goetz Wolff, seinen Großonkel in Amerika, der sich für ähnliche Projekte als urban planner an der ucla in California interessiert, darüber informiert hat. Also ein vielfältiges Echo ....

Ich hoffe, dass es Ihnen und Ihrer Familie ebenfalls gut geht und grüße Sie herzlich -
Ihre Renate von Gizycki

Von: **Renate von Gizycki**
Betreff: Trump Mother Jones und das Rügenprojekt Horst
Datum: **16.03.2017**
An: **Annette Rehfus, Bernd Cronjaeger, Lippold von Steimker, Ingrid Wilkens, Tilman Evers, E.A.Newton**
Liebe Freunde und Förderer, just to let you know: unser Rügenprojekt in Lauterbach ist ja inzwischen eine flz-Erfolgsstory mit z. B. dem Ozeaneum in Stralsund und den Berliner Libeskind Projekten rund um die Museumsinsel geworden; es soll nun eine kleine Schrift über diese schöne Geschichte entstehen. Das alles geht ja zurück auf einen Vortrag von Horst über sein Amerika-Buch „Mother Jones - Kritische Minderheiten in den USA und Gemeinschaftsexperimente " - in der Evangelischen Akademie Greifswald 1991." Mother Jones „ist als Monatsmagazin nun in der Diskussion um Trumps Medienpolitik an vorderster Front dabei - mal eine gute Nachricht ....
Lieben Gruß von Renate

From **Renate von Gizycki**
Sent: **Tuesday, April 04, 2017**
To: **Annette Rehfus**
Subject: Per E-Mail senden: flz stahl- und metallbau lauterbach gmbh Geschichte
Liebste Annette, Deine wunderbare Mail hat mich sehr erfreut, und ich werde sie noch etxra beantworten: Heute erst einmal nur für Eure Radtour in Rügen. Elias kann sich ja vielleicht vorher über die Geschichte der Firma flz Lauterbach (gegenüber dem Biosphären Reservat nahe Putbus) informieren, in der Horst und der Förderkreis gewürdigt wird.
Ich habe auch in diesem Jahr wieder die schönen FOTO-Neujahrsgrüße von Martin Hurtienne (dem Leiter) bekommen, der 1991 mit Horst nach seinem Vortrag über Amerika* in der Evangelischen Akademie Greifswald ins Gespräch über Möglichkeiten kam, die Idee der Humanity Funds auf sein LPG-Projekt zu übertragen. Du könntest ihn ja eventuell mal anrufen und von mir

- als eine alte Freundin von Horst und mir grüßen. Ich habe ihm kürzlich mit einer Mail gedankt.
Bald mehr ich werde gleich mit Björn beraten, wie diese schöne Story zu gestalten wäre - ganz liebe Grüße von Renate
*"Mother Jones - kritische Minderheiten in Amerika"- Die Redaktion von „Mother Jones" ist heute wieder ganz aktuell aktiv in der Kritik an Trumps Medienpolitik

From: **Annette Rehfus**
Sent: **Friday, April 07, 2017**
To: **Renate von Gizycki**
Subject: Lieber Gruß von unterwegs
Liebe Renate,
wir haben gerade den Betrieb in Lauterbach angeschaut. War toll! Ich verstehe jetzt, warum es Dir wichtig war, dass wir diesen Betrieb kennenlernen! Da werden ja Projekte von Welt umgesetzt, wie z. B. diese riesige Stahlkonstruktion, um den Pergamonaltar zu schützen oder das Eingangsgebäude der Gery Simon Galerie, arbeiten fürs Ozeaneum in Stralsund oder eine Auftragserfüllung für den BND... Wir haben gestaunt. Ich schicke später Fotos, wenn ich wieder in Göttingen bin.
Jetzt fahren wir aber erst mal nach Sassnitz!
Liebe Grüße, auch von Elias!
Deine Annette

From: **Martin Hurtienne**
Sent: **Friday, April 07, 2017**
To: **Renate von Gizycki**
Subject: Re: 25 Jahre: flz stahl- und metallbau lauterbach Dr. Renate von Gizycki
Sehr geehrte Frau von Gizycki,
ja, beide Mails habe ich bekommen. Ich selbst bin mit meinem jüngsten Sohn Maximilian auf dem Weg nach Paris. Mein Kollege sollte die Gäste begrüßen. Ich hoffe, dass alle zusammenkommen. Nun, Sie haben uns ja in Ihr Herz geschlossen, ich Sie und Ihren Mann aber auch.
Nun habe ich die Idee, Sie zu besuchen. In diesem oder im nächsten Jahr.

Ganz gut mit der Documenta 2017 auch zu verbinden.
Was meinen Sie?
Wir hätten wirklich sehr viel zu erzählen.
Ihr Martin Hurtienne

From: **Renate von Gizycki**
Sent: **Saturday, April 08, 2017**
To: **Lippold von Steimker**
Subject: Fw: Rundfunkbeitrag Neubeginn in Rügen 3. Oktober 1991 Hessischer Rundfunk
Lieber Lippold, ich habe gerade die ganze Sendung nochmal gehört - vielleicht findest Du in der Osterzeit mal etwas Ruhe, Dich zu erinnern: Du kommst ja auch im O-Ton vor. Die Stimme von Horst habe ich nicht wiedererkannt, leider ... aber besonders zum Ende zu kommen viele interessante und erfreuliche Kommentare zu Wort !
Ich werde Martin Hurtienne meine Überlegungen noch persönlich schreiben: Stichwort „Leuchtturm Lauterbach" - gegenüber den Meldungen des Tages: Trump, Mother Jones*/ und die Medienfront ... und vielleicht kann Björn die Erfolgsstory (Dein Wort) so gestalten, dass sie auch über seinen Onkel in der ucla California Mut macht: Die Idee der Humanity Funds kam ja ursprünglich aus USA / Georgia. Ich war ja nur am Rande aktiv, beim Rundbriefschreiben, aber für mich geht diese Geschichte weit über meine persönlichen Erinnerungen hinaus, tröstet mich in diesen dunklen Tagen als Lichtblick und Mutmacher. Dir und Elke wünsche ich eine frohe Osterzeit - mit Euren Töchtern ?
Herzlich Renate
PS * Habt Ihr das Buch ? - ich könnte es Euch sonst über Internet bestellen

From: **Renate von Gizycki**
Sent: **Monday, April 10, 2017**
To: **Björn Buxbaum-Conradi**
Subject: Re: Fw: Rundfunkbeitrag Neubeginn in Rügen 3. Oktober 1991 Hessischer Rundfunk
Lieber Björn, am Mittwoch schicke ich noch ein paar Rügen Paper/Briefe und die Überweisung: aber die Kontonummer ist unvollständig. ja, wir müssen

uns mal verabreden - in Ruhe ! Vielleicht kommen ja noch Fotos von Annette dazu - sie hat erwähnt, dass sie Aufnahmen gemacht hat. Also die Sache bekommt Schwung - ich freue mich. Gruß von
Renate

From: **Björn Buxbaum-Conradi**
Sent: **Sunday, April 09, 2017**
To: **Renate von Gizycki**
Subject: Re: Fw: Rundfunkbeitrag Neubeginn in Rügen 3. Oktober 1991 Hessischer Rundfunk
Hi Renate,
ich habe heute mit einer speziellen Software ein Transskript der Radiosendung erstellt. Das hat ganz gut geklappt. Aber einige Fachwörter etc. wurden natürlich nicht richtig erkannt. Auch Satzzeichen und Formatierung sind noch Kraut und Rüben. Aber ich werde das in nächster Zeit mal in Form bringen. Dann haben wir schon mal was Greifbares.
Außerdem habe ich meinen Onkel Götz die Geschichte mal etwas ausführlicher geschildert (in einer Email).
Bin gespannt, was er dazu zu sagen hat. Leite ich dann gerne an dich weiter.
auf bald!
Björn

Eine Stimme aus den USA

From: **Björn Buxbaum-Conradi**
Sent: **Tuesday, April 11, 2017**
To: **Renate von Gizycki**
Subject: Fwd: a story I want to share with you
Hi Renate,
diese sehr positive Antwort zu unserem Projekt, möchte ich dir natürlich nicht vorenthalten. Schau, was Götz mir geschrieben hat ...
liebe Grüße
Björn

Von: **Goetz Wolff**
Gesendet: **11.04.2017**
An: **Björn Buxbaum-Conradi**
Hello Björn -
Thanks for this fascinating story about your project. I definitely want to know more! What a wonderful story about this cooperative steel manufacturing effort. I am fascinated about the history —the development and the amazing success! I have been ignorant about these production cooperatives in the DDR. It is really impressive that it was able to continue and succeed.
This company definitely deserves to be reported on. I'm surprised that there have not been any "academic" analyses.
What an interesting location for the company in the very northeast of Germany: Lauterbach auf Rügen
Just for background: when I was still teaching political science in Asheville, North Carolina I subscribed to Mother Jones when it was first published— and I still am a subscriber. (Somewhere in all my boxes, I probably still have that first edition!). And more background: Mother Jones was the name of the Irish born radical union organizer who was called "the most dangerous woman in America" — early 1900s.
Consequently, the name was taken by the non-profit magazine.
I will try to track down the book by Horst von Gizycki. It sounds fascinating. Also, I should mention that I almost visited the Twin Oaks " intentional community" in Virginia soon after it started when I lived in North Carolina. It has had its "ups and downs," and I'm not sure if it still survives. I look forward to hearing more what you will be doing when we come visit this summer. Please keep me informed about your progress on this success story company. Their website is very impressive. Also, I would be very interested to know about Renate's work in the South Seas.
You have marvelous connections with such interesting people!
And in exchange, I'm attaching a review from the Wall Street Journal [!!!] about a book on Helgoland / Heligoland that I thought you would enjoy. Had you and Annette not told us about the island, I would probably have overlooked this book review.
We hope all is going well for you!
love, Goetz

From: **Lippold von Steimker**
Sent: Thursday, April 13, 2017
To: **Renate von Gizycki**
Subject: Re: Fw: Rundfunkbeitrag Neubeginn in Rügen 3. Oktober 1991 Hessischer Rundfunk

Ich habe mir eben mal die Zeit und Muße genommen diesen Beitrag zu hören, der mir zur Gänze aus der Erinnerung entschwunden war.
Wie meine Worte dort hineingefunden hatten, keine Ahnung mehr. Aber es war deutlich, dass Horsts Text von einem Sprecher gesprochen wurde, was eine merkwürdige Diskrepanz zwischen Horsts Art zu sprechen und der Wiedergabe seines Textes durch den Sprecher aufscheinen ließ.
Dieses Vierteljahrhundert Turbokapitalismus, das zwischen dem damaligen und dem heutigen liegt und in dem wir uns eingerichtet haben, scheint ja in der Tat sich nun endlich wieder auf Fragestellungen einzustellen, wie eine Gesellschaft verfasst sein soll, die sich nicht ausschließlich der Vermehrung des Verkonsumierbaren durch die Gebenedeiten beschränken will, sondern auch das in den Blick nehmen will, was essentiell ist, damit es die meisten dieser Gesellschaft auch aushalten können, ohne in Neid und Hass auf diejenige zu verfallen, die es eigentlich auch nicht besser getroffen haben als sie selbst.
In diesem Beitrag von damals sind ja genau diese Gedanken der Solidarität und Gerechtigkeit thematisiert worden.
Wieweit diese Fragestellungen durch die Lauterbacher dann auch wirklich eingelöst werden konnten, wäre vielleicht die spannende Fragestellung, die die Brücke in die Gegenwart schlagen könnte. Sollte es zu einem Resumé der Geschichte dieses Projektes, auf welcher Ebene auch immer, kommen, müsste dieses eine zentrale Frage sein.
Ich freue mich, dass Du in dieser Angelegenheit am Ball geblieben bist, die vielleicht ein Auslöser sein könnte, die Herausforderungen der Gegenwart noch einmal neu zu fokussieren. Herzlich in alter Freundschaft Lippold

From: **Renate von Gizycki**
Sent: **Friday, April 14, 2017**
To: **Martin Hurtienne**
Subject: Fw: Visit flz-lauterbach von Annette Rehfus Lieber Gruß von unterwegs an Renate

Lieber Martin Hurtienne,
ich habe mich sehr über Ihre Mail gefreut, und ich möchte Ihnen herzlich danken für die schönen Erinnerungen an meinen Mann.
Ja, es gäbe viel auszutauschen: Ich würde mich über Ihren Besuch zur documenta-Zeit freuen, auch wenn ich Sie leider zur Ausstellung selbst nicht mehr begleiten kann; meine neuropathischen Füße spielen da einfach nicht mehr mit. Aber das sollte uns nicht daran hindern, uns zu einem Gespräch hier im Hause zu verabreden, und vielleicht kann ich Ihnen ja auch mit Informationen oder Kontakten hilfreich sein.
Unsere Wahltochter und liebe Freundin Annette Rehfus aus Göttingen hat inzwischen mit ihrem Sohn Elias Ihren Betrieb besichtigt; ich schicke Ihnen Kopie ihrer Mail aus Rügen. Überhaupt ist das ganze „Rügenprojekt" - wie es bei uns unter Freunden genannt wird - zusammen mit dem Mother Jones Buch von Horst vG. zum Vortrag in der Evangelischen Akademie in Greifswald nach 25 Jahren wieder da - auferstanden als eine Mutmach- und Erfolgsstory in dunklen Zeiten. Es gibt eine vielfältige Resonanz dazu, bis hin nach Kalifornien, und es soll in eine neue Geschichte geschrieben werden; ich werden Ihnen nach Ostern mehr darüber berichten. Nun wünsche ich Ihnen und Ihrer Familie in Lauterbach frohe Ostertage und grüße sie herzlich -
Ihre Renate von Gizycki

From: **Björn Buxbaum-Conradi**
Sent: **Monday, May 08, 2017**
To: **Renate von Gizycki**
Subject: Neubeginn auf Rügen
Hi Renate,
ein lebhaftes Wochenende liegt hinter mir. Ich habe mich mit meinen alten Kasseler Freunden in Stuttgart getroffen und wir waren gemeinsam auf dem „Wasen" und haben fröhlich gefeiert. Das war letztendlich doch ganz schön. Wie auch immer.
Heute habe ich jedenfalls den Tag genutzt, um das Transkript fertigzustellen. Danke für die Zusendung der Unterlagen. Im Anhang findest du sowohl eine Word- als auch eine PDF-Version zum Verschicken. Das Manuskript von Horst war teilweise umfangreicher als die tatsächliche Sendung und enthielt auch Einiges an kleineren Fehlern, da es wohl eine Arbeitsversion

war. Ich habe das nun so zusammengeführt, dass es gut lesbar ist, denke ich. Das Ganze könnte nun also als Kern für etwas Weiterführendes verwendet werden. Ich habe mir diesbezüglich noch einmal Gedanken gemacht und bin zu dem Schluss gekommen, dass mir die Herausgeberschaft eines Buches jetzt doch zu viel werden würde, und dass ich vielleicht auch nicht der Richtige dafür wäre. Da gibt es doch Freunde, die dem Projekt näher stehen, z.B. Lippold oder andere, die damals Teil des Förderkreises waren. Außerdem hast du ja gemerkt, dass ich durchaus kritische Fragen hätte, die sich aber ohne erheblichen Aufwand nicht klären ließen und vielleicht auch gar nicht auf der Agenda stehen sollten. Gleichwohl würde ich meinen Part doch damit abschließen wollen, dass ich auf meiner Webseite eine Unterseite erstelle, auf der die Radiosendung selbst, das Transkript und auch dein gelungener Leuchtturm-Text (quasi als Einleitung) verfügbar sind. Das könnte natürlich noch mit Fotos illustriert werden (Annette?). Wenn das auch in deinem Sinne ist, dann schick mir doch bitte deinen Text per E-Mail.
Und natürlich werde ich auch Götz die Texte geben und seine Fragen beantworten. Er kommt mich schon bald besuchen (Mitte Juli).
So viel erst mal von mir.
Ich hoffe es geht dir gut! Love, Björn
by the way: Mittlerweile habe ich das Kapitel über den Bruderhof gelesen. Es ist schon beachtlich, wie lange und intensiv sich Horst mit der Lebensweise dieser Menschen auseinandergesetzt hat. Er nimmt die Leute ernst und spart kritische Aspekte nicht aus, ich bin gespannt auf die nächsten Kapitel!

From: **Renate von Gizycki**
Sent: **Tuesday, May 09, 2017**
To: **Björn Buxbaum-Conradi**
Subject: Re: Neubeginn auf Rügen
Lieber Björn, ich habe mich sehr über Deine Mail und die Anhänge gefreut; das macht ja jetzt wirklich einen guten Eindruck, sei sehr herzlich bedankt. Mehr dazu wenn ich das alles noch mal verdaut habe, ich habe zur Zeit viele Probleme gleichzeitig. Es freut mich aber auch, dass Du den Bruderhof entdeckt hast.
Love Renate

From: **Renate von Gizycki**
An **irmhild.cronjaeger 14.05.2017**
Neubeginn in Rügen - Leuchtturm Lauterbach
Liebe Irmhild, ich muss mich unbedingt noch mal mit Dir beraten, wie ich nun weiter machen soll - ich bin traurig und ratlos; vielleicht können wir ja eine neue Version rund um die Radiosendung machen, aber es wird mir jetzt manchmal alles zu viel .... können wir noch mal (vor Deiner Kreuzfahrt!) in Ruhe telefonieren ? Ich denke Du hast alle wichtigen Texte zu diesem Projekt seit Januar als Fw von mir bekommen ...Hast Du auch meinen Text „Leuchtturm Lauterbach" - der ist/ war ein guter Einstieg ... (nur ausgedruckt, könnte ihn Dir aber schicken, aber nun streikt auch noch mein Drucker ...) Lieben Gruß zum Sonntag – Renate.

From: **Renate von Gizycki**
Sent: **Saturday, May 20, 2017**
To: **Archiv**
Subject: Re: HNA-Artikel mit Ihrem Namen - Ihre Mail vom 06.03.2017
Liebe Frau Klein; wir haben inzwischen miteinander telefoniert, und Sie haben mich beraten: Es gibt offenbar viele Treffer unter dem Namen Renate von Gizycki und Horst von Gizycki. Ehe ich dazu komme, diese mit einem USB-Stick bei Ihnen aufzunehmen, hatten Sie sich freundlicherweise bereit erklärt, mir für eine aktuelle Publikation, das „Rügenprojekt", den HNA Artikel „Wir machen alles was weiterhilft" (Juli 1991) als DIN A 3 Kopie zu schicken: Der Artikel ist als eine gute Fotokopie angekommen, und ich möchte
Ihnen sehr herzlich dafür danken. Renate von Gizycki

From: **Martin Hurtienne**
Sent: **Tuesday, July 04, 2017**
To: **Renate von Gizycki**
Cc: **Karen Hurtienne**
Subject: Besuch in Kassel
Sehr geehrte Frau von Gizycki,
aktuell planen wir unseren Documenta-Besuch in Kassel. Und gerne wollen wir (Karen, Max, eventuell Richard, ich) Sie besuchen. Wir könnten uns das

WE 18., 19., 20.08.2017 gut vorstellen. Wären Sie an diesem WE in Kassel und hätten Sie Zeit für ein Gespräch, wir könnten auch zusammen essen oder Tee trinken, wo auch immer?
Liebe Grüße,
In Dankbarkeit,
Ihr Martin Hurtienne

From: **Renate von Gizycki**
Sent: **Tuesday, July 04, 2017**
To: **Martin Hurtienne**
Subject: Re: Besuch in Kassel Hurtienne
Lieber Martin Hurtienne,
das ist eine schöne Nachricht: ja, ich freue mich auf Ihren Besuch! Wir könnten uns zum Beispiel vor dem Mittagessen (gegen 11, 12 Uhr) zu einem Drink in der Birkenkopfstrasse treffen und von dort gemeinsam zu unserem bewährten Griechen in Wilhelmshöhe, zehn Autominuten von hier entfernt, zum Essen fahren. Es ist ein relativ ruhiger Ort, und es gibt dort auch ein Salatbuffet. Ich würde dann auch Plätze reservieren. Wie Sie wissen, bin ich leider nicht mehr so gut zu Fuß, brauche also etwas Unterstützung beim Gehen, aber das wird sicher kein Problem sein. Vielleicht ist ein Freitag besser, ruhiger als Samstag, Sonntag. Ich richte mich aber gern nach Ihnen, also nochmals: ich freue mich auf Sie und Ihre Familie! Ihnen allen herzliche Grüße
Ihre Renate von Gizycki

Von **Renate von Gizycki , Juli 2017**
Liebste Irmhild,
heute erst mal nur kurz: Dank für Deinen lieben Gruß, der FR-Artikel - 23. Juni 2017 Magazin „Alte Geschichten, böse Erinnerungen von Bernhard Honnigfort-" ist wirklich spannend. Dazu meine erste Reaktion an Dich adressiert: Das wäre vielleicht doch für den Anhang ein ganz guter aktueller Einstieg, knapp das „Gegenstück" darzustellen: Vor diesem Hintergrund die von Dir kopierten E-Mail-Reaktionen auf den ja dann wirklich bemerkenswerten „Leuchtturm Lauterbach"; mir erscheint dabei das wichtigste zu sein: wie die Leute in der Ost-LPG zu den Westlern gefunden haben, und wie wichtig dabei Zuversicht, Mut und Vertrauen waren. (Förderkreis als Novum Ost-West!)

Meine Mail an Hurtienne vom März 2017 könnte dabei vielleicht ebenfalls hilfreich sein - ich würde dann meine Einleitung darauf abstimmen. Vielleicht kann ja Björn dann doch noch das Lay-out schaffen.
Die großen Passagen HR und HNA-Fotos liegen ja gescannt vor. (Format etwa Frankfurter Hefte - Du hast ja Erfahrung.)
Dies meine ersten Gedanken zum Projekt - vorläufiger Titel - „ Leuchtturm Lauterbach - 25 Jahre Neubeginn in Rügen" - Hrsg. RG und IC - Lektorat IC - Layout Björn BC vielleicht als Muster für den Verlag. Hurtiennes kommen am Wochenende Ende August.
Was meinst DU?! - Da hast Du Dir was eingebrockt - aber wir wollen uns auch nicht verrückt machen! Denk mal in Ruhe darüber nach ...
Umarmung Renate

**Kasseler GhK-Professor
startet Selbsthilfeprojekt an der Ostseeküste**

Ex-LPG-Team:
„Wir machen alles, was weiterhilft"

*Transkript einer Reportage
von Karl-Hermann Huhn in der HNA vom 9. Juni 1991.*

„Nutzen Sie unsere Leistungen!"lockt die große Tafel. Unter dieser Einladung steht allerlei: Reparatur und Verkauf, Pflege von Traktoren, Baumaschinen. Ersatzteilhandel, Bauschlosserei-Arbeiten, Pkw-Reparatur-Service aller Art, technische Überprüfung, Pkw-Verkauf von Neu- und Gebrauchtwagen, Reifenservice, Gartengeräte, Motorsägen etc. etc. Was hier - am Zaun eines großen Betriebsgrundstücksangepriesen wird, ist Signal: Frühere Mitarbeiter einer LPG suchen einen Neuanfang. Wie viele in der ehemaligen DDR. Doch was hier in Lauterbach auf Rügen, zwischen Kasnevitz und Putbus, ins Rollen kommt, läuft auf einem besonderen Gleis.

Alles begann mit einem Telefon-Anruf im November '90. Gerd Hurtienne (51), früher Leiter des Landmaschinenbereichs der LPG Lauterbach und jetzt Geschäftsführer des „Landmaschinen-Zentrums Lauterbach GmbH i.G.", erfuhr darin von einer Tagung. In der Evangelischen Akademie Greifswald gehe es um „Krise und Chancen des Dorfes in der Ex-DDR".

Hurtienne fuhr hin, zusammen mit seiner Ehefrau Sigrid.„Ich brauchte einfach mal wiederein paar Stunden für mich, die Familie - zum Nachdenken," sagt der Bauernsohn aus der Uckermark heute. Wenige Wochen zuvor hatte er mit gleichgesinnten Kollegen beschlossen: „Wir machen uns selbständig." Mit wenig mehr als dem festem Vorsatz, es irgendwie zu schaffen.Nach monatelangem Hickhack und Wochen voller Ungewissheit wagten schließlich sechs frühere LPG-Mitarbeiter den Neuanfang in Eigenverantwortung.

„Was in Greifswald diskutiert wurde, lag auf der selben Welle wie das, was wir in Lauterbach versuchten." Gerd Hurtienne wusste das, hoffte deshalb auf Anregungen, neue Ideen. Der glückliche Zufall fügte es, dass mehr daraus wurde - ein Brückenschlag von Rügen nach Kassel und letztlich eine wesentliche materielle Grundlage für das wagemutige Insel-Unternehmen.

Dr. Horst von Gizycki (51), Professor für Psychologie an der Kasseler Uni, war einer der Referenten in Greifswald. Er sprach über gesellschaftskritische Minderheiten in den USA, ihre Hoffnungen und Versuche, zu neuen Lebens- und Gemeinschaftsformen zu finden. In der Diskussion habe sich dann Gerd Hurtienne, der frühere Technische LPG-Leiter, sehr engagiert, sei man sich nähergekommen, erinnert sich der Professor. Schließlich sei „der Plan geboren" worden, „nach dem Muster ähnlicher Selbsthilfeprojekte in den USA und bei uns, einen Sammel-Fonds zu gründen – als Anschub-Mithilfe für die Rettung des kleinen Betriebs." Hier ging es zuerst um das Betriebsgrundstück und dessen Übernahme aus der Treuhand-Regie. „Wir mussten es kaufen, wollten das auch," sagt Hurtienne. Aber so einfach war das nicht.

Vom Helfen und Helfen-Wollen, war im November 1990 viel die Rede. Doch in der Praxis sah das anders aus. Hurtienne beschreibt die damalige Lage so: „Wir sind vorher bei der Bank einfach rausgeflogen, die sagten: Ihr habt nichts, ihr seid nichts, und nur mit eurem Wollen können wir euch kein Geld geben!" Es fehlte schlicht an genügend Eigenmitteln. Und die vielen Versprechungen der Politiker hätten hier „durch zu schleppendes Vorantreiben von Förderprogrammen nicht gegriffen". In dieser Situation habe die Kasseler Förderkreis-Initiative „erst wirklich was bewegt". Gerd Hurtienne: „So als wenn jemand sagte: Macht das, traut euch was zu, wir stehen euch bei!" Der Ingenieur: „Erst dadurch sind wir für die Bank zum Verhandlungspartner geworden."

Rund 100 000 Mark Eigenkapital mußten aufgebracht werden. Nach der Rückkehr aus Greifswald startete Horst von Gizycki das „Rügenprojekt" per Rundschreiben. Bis heute legten rund 40 Förderer Geld zusammen.

Und auf der Ostseeinsel bekundete nun auch die Bank Kreditbereitschaft. Am Ende wurde man sich handelseinig. Inzwischen hat die junge Gesellschaft ihr ehemaliges LPG -Areal erworben, steht auf eigenem Grund und Boden.

25 Mitarbeiter zählt das junge Unternehmen. Früher gehörten zum LPG-Maschinenbereich einmal „knapp 100 Mann". Es sei gelungen, die meisten, die ausschieden, „in andere Aufgaben zu führen, auch per Umschulung," sagt der Geschäftsführer der Gesellschaft, die „seit dem 1.1.91 als GmbH i.G. am Werk und laut telefonischer Auskunft bereits beim Registergericht eingetragen ist." Hurtienne: „Wir warten auf die schriftliche Mitteilung." Alles, was wirtschaftlich weiterbringt, wird angepackt. Dieses ursprüngliche Entwicklungskonzept wird noch so verwirklicht, wie es anfangs gedacht worden war. Für den Umbau des früher „geschlossenen" Landtechnikbetriebs zum vielfältig offenen Dienstleistungsunternehmen für jedermann wurde ein Kapitalaufwand von rund 800 000 Mark errechnet.

Nach der Start-Mithilfe aus dem Westen kann die GmbH auch ERP-Mittel (Europa-Wiederaufbau- Programm) als Kredit bekommen und Eigenkapital- Hilfe. Doch Hurtienne bremst: „Wir werden damit sparsam umgehen. In unserem Konzept steht die Vereinbarung, daß wir die uns gegebenen Mitglieder- Anteile in zehn Jahren zurückzahlen, daß wir uns bemühen, für Rentner dies früher zu vollziehen, damit sie wirklich etwas davon haben."

Gerd Hurtienne ist CDU-Mitglied, kommt von der früheren Bauernpartei. Er stammt aus einer Hugenottenfamilie in der Uckermark und bekennt sich nach eigenen Worten zum christlichen Glauben. Sigrid Hurtienne, Mutter von fünf Kindern, engagiert sich in der Landessynode, war in der Evangelischen Bundessynode der DDR. Die Familie weiß, daß diese Lebensführung - zu Zeiten des SED-Regimes fast schon mit dem Verdacht von Illegalität behaftet - in den neuen Bundesländern ebenso wenig wie im „Westen" die Regel ist, eher eine Ausnahme.

Zur Frage nach der ideellen Grundlage des „Rügenprojekts" meint der Geschäftsführer: „Für uns als Gesellschafter, so glaube ich, ist es gerade in dieser Zeit wichtig, den Gedanken der sozialen Gemeinsamkeit weiterzutragen und zu gestalten. Das soll ein Grundstein unseres Unternehmens sein, gerade in dieser gar nicht so freien Marktwirtschaft, und ich hoffe, dass uns das gelingen wird."

Die Mitglieder des Kasseler Freundeskreises trauen ihren neuen Partnern zu, dass sie es schaffen werden. Und Dr. von Gizycki sieht bereits die Ex-LPG als Basis einer langdauernden Entwicklung. Hier biete sich die außergewöhnliche Gelegenheit, wirtschaftlich erfolgreiches Handeln und darauf aufbauende kulturelle Aktivitäten nutzbringend zu verknüpfen. Beispielsweise in Umweltschutz- und Volksbildungsarbeit.

Dementsprechend hat die Lauterbacher Gesellschaft auch Landschaftspflegemaßnahmen in ihrem Serviceangebot. Hier könnte Martin, einer der Hurtienne- Söhne, künftig seine spezielle Aufgabe finden. Schon während der Schulzeit vom Vater in dem LPG-Betrieb zielstrebig an die Praxis herangeführt und inzwischen Diplom-Ingenieur für Landmaschinen-Technik, sattelt er im Augenblick fachlich drauf: ein Semester Umwelttechnik in Wustrow.

Auf Sichtweite vor der Küste bei Lauterbach liegt die Insel Vilm. Im Arbeiter- und Bauernstaat war das Eiland im Greifswalder Bodden hermetisch abgeschlossen. Doch was nach außen als Natur- und Vogelschutzgebiet, als wichtiger Rastplatz Tausender von Zugvögeln deklariert wurde, zog in den schönsten Zeiten jedes Jahres noch andere seltene „Vögel" an: Am Sonnenstrand von Vilm räkelten sich dann jene, die in der SED-Staatsführung Rang und Namen hatten - fernab alle Mängel des real existierenden Sozialismus'.

Heute etabliert sich dort die Aufbauleitung des Nationalparks, künftig wird Vilm als wertvoller Teil des neuen Biosphären- Reservats Südost-Rügen wirklich zum Schutzgebiet. Allerdings denkt man in Lauterbach dabei auch an den Fremdenverkehr. Während der Urlaubssaison soll es Bootsrundfahrten im Bodden aber auch fachkundlich geführte Insel-Exkursionen für Touristen geben. In Kassel denkt man hierzu weiter, könnte sich beispielsweise auf Rügen Seminare vieler Art vorstellen, auch wissenschaftliche Aktivitäten der Kasseler Uni mit Greifswalder, Göttinger und Paderborner Kollegen.

Bis dahin ist noch viel zu tun, muß der ehemalige Landmaschinen- Bereich der LPG auf feste Füße kommen. Gerd Hurtienne: „Zuerst gilt es, das zu tun, was uns im Moment abgenommen wird, und parallel dazu die Ideen voranzutreiben, die wir noch haben. Das hängt natürlich auch wieder von unseren finanziellen Möglichkeiten ab. Gerade durch den Förderkreis sind wir da ein gutes Stück weitergekommen."

„Wir machen alles," heißt es immer wieder. Da türmen sich Trabis und Wartburgs, die ausgeschlachtet werden, ehe sie eine Schrottverwertung übernimmt. „Pfingsten lagen sie hier wieder in großer Zahl in den Straßengräben, einfach zurückgelassen von Leuten, die sie nicht mehr haben wollten," sagt Werkstattleiter Frank Pachur. Die ideenreichen Lauterbacher haben sie eingesammelt. Neulich zogen sie sogar zwei „Rennpappen" Marke Trabant aus dem Wasser. Schrottreif. Ein Zuschussgeschäft sei die Verwertung nicht, sagen die Zerleger, ganz im Gegenteil.

In einer anderen Halle streicht der Schlosser Klaus Rabe ein Ziergitter. Auch dies ein Einzelauftrag. Das schmiedeeiserne Stück soll den Obelisken in Putbus auf dem großen Platzrund in der Ortsmitte schmücken, so wie das vor Jahren der Fall gewesen. Später verschwand das Gitter spurlos. Denkmalschützer haben ein altes Bild aufgestöbert, die Lauterbacher danach rekonstruiert.

Und die Landmaschinen? Auch hier kommt der Betrieb langsam in Fahrt. Zum früheren Gerätepark aus sowjetischer und DDRProduktion ist - so ein Transparent - „Revolutionäre Landtechnik" aus Nordhessen gekommen, von MF aus Eschwege. Im Lager liegen Ersatzteile aus dem Werratal neben russischen Stücken. „Wir brauchen sie für alte Kunden und Neubauern, die von der LPG Russen- Kombines übernommen haben," sagt der Verwalter.

Altes und Neues in Bewegung, Zeichen des Umbruchs und Aufbruchs - in Lauterbach sind sie überall gegenwärtig. Nur die Schwalben sind geblieben, so wie früher hocken sie zwitschernd unterm Dach der Werkstatt, als hätten sie's nicht bemerkt, dass hier nie mehr Kuhstall- Fliegen fliegen.

Die Reportage

TRABI-SCHROTT UND NEUE PFLÜGE: Altmaterial-Verwertung wie Maschinenverkauf – die Mitarbeiter des ehemaligen LPG-Landmaschinen-Bereichs in Lauterbach auf Rügen, jetzt als GmbH beim Aufbau eines landwirtschaftlichen Dienstleistungszentrums, scheuen keine Arbeit, nutzen alle Möglichkeiten, die sie sie wirtschaftlich ein Stück voran bringen.

Kasseler GhK-Professor startet Selbsthilfeprojekt an der Ostseeküste

Ex-LPG-Team: „Wir machen alles, was weiterhilft"

Von Karl-Hermann Huhn
(Text und Fotos)

Nutzen Sie unsere Leistungen!" lockt die große Tafel. Unter dieser Einladung steht allerlei: Reparatur und Verkauf, Pflege von Traktoren, Baumaschinen. Ersatzteilhandel, Bauchlosserei-Arbeiten, Pkw-Reparatur-Service aller Art, technische Überprüfung, Pkw-Verkauf von Neu- und Gebrauchtwagen, Reifenservice, Gartengeräte, Motorsägen etc. etc. Was hier – am Zaun eines großen Betriebsgrundstücks – angeprismen wird, ist Signal: Frühere Mitarbeiter einer LPG suchen einen Neuanfang. Wie viele in der ehemaligen DDR. Doch was hier in Lauterbach auf Rügen, zwischen

Ein Anruf hat Folgen

Kasnevitz und Putbus, ins Rollen kommt, läuft auf einem besonderen Gleis.

Alles begann mit einem Telefon-Anruf im November '90. Gerd Hurtienne (51), früher Leiter des Landmaschinenbereichs der LPG Lauterbach und jetzt Geschäftsführer des „Landmaschinen-Zentrums Lauterbach GmbH I.G.", erfuhr darin von einer Tagung. In der Evangelischen Akademie Greifswald gehe es um „Krise und Chancen des Dorfes in der Ex-DDR". Hurtienne fuhr hin, zusammen mit seiner Ehefrau Sigrid. „Ich brauchte einfach mal wieder ein paar Stunden für mich, die Familie – zum Nachdenken," sagt der Bauernsohn aus der Uckermark heute. Wenige Wochen zuvor hatte er mit gleichgesinnten Kollegen beschlossen: „Wir machen uns selbständig." Wir wogen mehr als dem festen Vorsatz, es irgendwie zu schaffen. Nach monatelangem Hickhack und Wochen voller Ungewißheit wagten schließlich sechs LPG-Mitarbeiter den Neuanfang in Eigenverantwortung.

„Was in Greifswald diskutiert wurde, lag auf der selben Welle wie das, was wir in Lauterbach versuchten," Gerd Hurtienne wußte das, hoffe deshalb auf Anregungen, neue Ideen. Der glückliche Zufall fügte es, daß mehr daraus wurde – ein Brückenschlag von Rügen nach Kassel und letztlich eine wesentliche materielle Grundlage für das wagemutige Insel-Unternehmen.

Dr. Horst von Gizycki (51), Professor für Psychologie an der Kasseler Uni, war einer der Referenten in Greifswald. Er sprach über gesellschaftskritische Minderheiten in den USA, ihre Hoffnungen und Versuche, zu neuen Lebens- und Gemeinschaftsformen zu finden. In der Diskussion habe sich dann Gerd Hurtienne, der frühere Technische LPG-Leiter, sehr engagiert, sei man sich nähergekommen, erinnert sich der Professor. Schließlich sei „der Plan geboren" worden, „nach dem Muster ähnlicher Selbsthilfeprojekte in den USA und bei uns, einen Sammel-Fonds zu gründen – als Anschub-Mithilfe für die Rettung des kleinen Betriebs." Hier ging es zuerst um das Betriebsgrundstück und dessen Übernahme aus der Treuhand-Regie. „Wir mußten es kaufen, wollten das auch," sagt Hurtienne. Aber so einfach war das nicht.

Vom Helfen und Helfen-Wollen, war im November 1990 viel die Rede. Doch in der Praxis sah das anders aus. Hurtienne beschreibt die damalige Lage so: „Wir sind vorher bei der Bank einfach rausgeflogen, die sagten: Ihr habt nichts, ihr seid nichts, und nur mit eurem Wollen können wir euch kein Geld geben!" Es fehlte schlicht an genügend Eigenmitteln. Und die vielen Versprechungen der Politiker hätten hier „durch zu schleppende Vorantreiben von Förderprogrammen nicht gegriffen." In dieser Situation habe die Kasseler Förderkreis-Initiative „erst wirklich was bewegt". Gerd Hurtienne: „So als wenn jemand sagte: Macht das, traut euch was zu, wir stehen euch bei!" Der Ingenieur: „Erst dadurch sind wir für die Bank zum Verhandlungspartner geworden."

Rund 100 000 Mark Eigenkapital mußten aufgebracht werden. Nach der Rückkehr aus Greifswald startete Horst von Gizycki das „Rügenprojekt" per Rundschreiben. Bis heute legten rund 40 Förderer Geld zusammen. Und auf der Ostseeinsel bekundeten sich auch die Bank Kreditbereitschaft. Am Ende wurde man sich handelseinig. Inzwischen hat die junge Gesellschaft ihr ehemaliges LPG-Areal erworben, steht auf eigenem Grund und Boden.

25 Mitarbeiter zählt das junge Unternehmen. Früher gehörten zum LPG-Maschinenbereich einmal „knapp 100 Mann". Es sei gelungen, die meisten, die

Start auf eigenem Grund und Boden

ausscheiden, „in andere Aufgaben zu führen, auch zur Umschulung," sagt der Geschäftsführer der Gesellschaft, die „seit dem 1.1.91 als GmbH I.G. am Werk und laut telefonischer Auskunft bereits beim Registergericht eingetragen ist." Hurtienne: „Wir warten auf die schriftliche Mitteilung." Alles, was wirtschaftlich weiterbringt, wird angepackt. Dieses ursprüngliche Entwicklungskonzept wird noch so verwirklicht, wie es anfangs gedacht worden war. Für den Umbau des früher „geschlossenen" Landtechnikbetriebs zum vielfältig offenen Dienstleistungsunternehmen für jedermann wurde ein Kapitaltauwuhrn von rund 800 000 Mark errechnet.

Nach der Start-Mithilfe aus dem Westen kann die GmbH auch ERP-Mittel (Europa-Wiederaufbau-Programm) als Kredit bekommen und Eigenkapitalhilfe. Doch Hurtienne bremst: „Wir werden damit sparsam umgehen. In unserem Konzept steht die Vereinbarung, daß wir die uns gegebenen Mitgliedsanteile in zehn Jahren zurückzahlen, dazu wir uns bemühen, die Gesellschaft, wie in vollziehen, damit sie wirklich etwas davon haben."

Gerd Hurtienne ist CDU-Mitglied, kommt von der früheren Bauernpartei. Er stammt aus einer Hugenottenfamilie in der Uckermark und bekennt sich nach eigenen Worten zum christlichen Glauben. Sigrid Hurtienne, Mutter von fünf Kindern, engagiert sich in der Landessynode, war in der Evangelischen Bundessynode der DDR. Die Familie weiß, daß diese Lebenführung – zu Zeiten des SED-Regimes fast schon mit dem Verdacht von Illegalität behaftet – in den neuen Bundesländern ebenso wenig wie im „Westen" die Regel ist, eher eine Ausnahme.

Zur Frage nach der ideellen Grundlage des „Rügenprojekts" meint der Geschäftsführer: „Für uns als Gesellschafter, so glaube ich, ist es gerade in dieser Zeit wichtig, den Gedanken der sozialen Gemeinsamkeit weiterzutragen und zu gestalten. Das soll im Grundstatut unseres Unternehmens sein, gerade in dieser Form mit ausgeprägt christlicher Flagge. Wir haben, wie ich noch haben. Das hängt natürlich auch wieder von unseren finanziellen Möglichkeiten ab. Gerade durch den Förderkreis sind wir da ein gutes Stück weitergekommen."

„Wir machen alles," heißt es immer wieder. Da türmen sich auf Rügen Seminare vieler Art vorstellen, auch wissenschaftliche Aktivitäten der Kasseler Uni mit Greifswalder, Göttinger und Paderborner Kollegen.

Bis dahin ist noch viel zu tun, muß der ehemalige Landmaschinen-Bereich der LPG auf feste Füße kommen. Gerd Hurtienne: „Zuerst gilt es, das zu tun, was uns im Moment abgenommen wird, und parallel dazu die ideen voranzutreiben, die wir noch haben. Das hängt natürlich auch wieder von unseren finanziellen Möglichkeiten ab. Gerade durch den Förderkreis sind wir da ein gutes Stück weitergekommen."

Einträgliche Schrottaktion

Trabis und Wartburgs, die aus gesellschaftet werden, ehe sie einer Schrottverwertung überantwortet werden. „Pflugstes lagen sie hier wieder in großer Zahl in den Straßengräben, einfach zurückgelassen von Leuten, die die es nicht mehr haben wollten," sagt Werkstattleiter Frank Pachur. Die ideenreichen Lauterbacher haben sie eingesammelt. Neulich zogen sie sogar zwei „Rennpappen" Marka Trabant zur dem Wasser, Schrottreif. Ein Zuschußgeschäft sei der Verwertung nicht; ganz im Gegenteil.

In einer anderen Halle streicht der Schlosser Klaus Rabe ein Ziergitter. Auch dies ist eine Rückauftrag. Das schmiederseiserne Stück soll den Obelisken in Putbus auf dem großen Platzrund in der Ortsmitte schmücken, so wie das vor Jahren der Fall gewesen. Später verschwand das Gitter spurlos. Denkmalschützer haben ein altes Bild aufgestöbert, die Lauterbacher danach rekonstruiert.

Und die Landmaschinen! Auch hier kommt der Betrieb langsam in Fahrt. Zum Teil werden Geräteparks aus sowjetischer und DDR-Produktion ist – so ein Transparent – „Revolutionäre Landtechnik" aus Nordhessen gekommen, von MF aus Eschwege, z.B. Dort liegen Ersatzteile aus dem Werktsall neben russischen Stücken. „Wir brauchen die Schwalben sind gekugelt, Zeichen des Umbruchs und Aufbruchs – in Lauterbach sind sie überall gegenwärtig.

Altes und Neues in Bewegussion soll es Bootsrundfahrten im Bodden gehen, kundig geführte Insel-Exkursionen für Touristen geben. Im Kassel denkt man hierzu vielleicht, könnte sich beispielsweise

Viele interessante Zukunfts-Projekte

wertvoller Teil des neuen Biosphären-Reservats Südost-Rügen wirklich zum Schutzgebiet. Allerdings denkt man in Lauterbach dabei auch an den Fremdenverkehr. Während der Urlaubssaison soll es Bootsrundfahrten im Bodden geben, kundig geführte Insel-Exkursionen für Touristen geben. Im Kassel denkt man hierzu vielleicht, könnte sich beispielsweise auf Rügen Seminare vieler Art vorstellen, auch wissenschaftliche Aktivitäten der Kasseler Uni mit Greifswalder, Göttinger und Paderborner Kollegen.

SPEZIALAUFTRAG: Ein altes Bild in einem Berliner Archiv diente als Vorlage zur Rekonstruktion dieses Ziergitters – neu erstanden in der ehemaligen LPG-Schlosserei – bald wieder den Putbuser Obelisken schmücken wird.

Alte Geschichten, böse Erinnerungen

Artikel in der Frankfurter Rundschau von Bernhard Honnigfort vom 23.Juni 2017 (Auszug)

Margarethenhütte in besseren Zeiten: Ansicht der teilweise automatisierten Filter- und Vakuumpresserei der Margarethenhütte. Foto: Förderverein Margarethenhütte Großdubrau e.V.

Großdubrau. Ein altes Foto an der Wand, ehemalige Kollegen stehen vor dem Werk. Leonhard Jünger betrachtet es genau, sein Finger fährt von einem zum anderen. „Der ist tot, der auch, der lebt auch nicht mehr, die beiden hier auch nicht, der noch, der ja. Aber viele sind es nicht." Das Foto hängt in den Resten der Margarethenhütte, einem alten Ziegelbau, von Efeu überwachsen, in Großdubrau bei Bautzen. Heute ist es ein Museum, aber Jahrzehnte lang war der Ort eine bedeutende Fabrik für Elektroporzellan wie Isolatoren für Telefon- und Stromleitungen. Die Geschichte war ruhmreich und geht weit zurück: Als Frankfurt 1891 erstmals Strom aus dem 176 Kilometer entfernten Lauffen am Neckar bekam, funktionierte das nur mit Isolatortechnik aus dem kleinen Großdubrau. Leonhard Jünger ist 78 Jahre alt, ein hagerer, freundlicher Mann. Von 1963 bis 1991 hat er in der Margarethenhütte gearbeitet. Zum Schluss als technischer Direktor. „Wir hatten Spitzenqualität und Spitzenprodukte", sagt er. „Wir haben weltweit verkauft. Und dann sagte man uns, der Betrieb sei marode, müsse abgewickelt werden." 1991 war das. Jünger verlor seine Stelle, ebenso seine Frau und sein Sohn. Er schrieb damals die Listen der zu Entlassenden. Danach „Durchwursteln": Biosphärenreservat, ABM, ein Lehrgang, dies und das, Frühverrentung. Heute kümmert er sich um das Museum. Es ist Sonntag, brütend heiß, Besuch ist gekommen. Es ist der 26. Jahrestag der Besetzung. Einer gescheiterten Besetzung, muss man sagen. Damals, 1991, ging alles den Bach runter, kein Investor sprang dauerhaft ein, es ging schnell, 850 Leute verloren ihre Arbeit, einige besetzen das Werk, um den Abtransport der Maschinen zu verhindern. Es sollte nichts nützen. Abwicklung, Demontage, Sprengung der Öfen und Hallen, 1995 war fast alles weg

Geschichte des Unternehmens und Porträt

Auszug aus der Website flz

Aus dem technischen Bereich eines ehemaligen Landwirtschaftbetriebes wurde das Unternehmen Fahrzeug- und Landmaschinenzentrum Lauterbach GmbH 1990 in Lauterbach/Insel Rügen gegründet. Zunächst bildeten der Landmaschinenservice und -handel (Massey Ferguson u. a.), der Kraftfahrzeughandel sowie die Betreibung einer Tankstelle die Geschäftsfelder. Die Gründungsphase wurde in den ersten Jahren unterstützt durch einen privaten Förderkreis um Prof. Horst Gizycki aus Kassel, zu dem ca. 20 Freunde und Förderer des Unternehmens gehörten.

Erste Aufträge aus dem Stahl- und Metallbaubereich wurden mit den landtechnisch ausgebildeten Schlossern und Schweißern realisiert.
In den Jahren 1995 bis 2005 wurde das Unternehmen auf den Schwerpunkt Stahl- und Metallbau konsequent umgestellt und entwickelt.
Die Einführung der CAD-Technik im Konstruktionsbüro sowie die zielgerichtete Ausbildung des schweiß-technischen Personals brachten entscheidende Voraussetzungen zur Realisierung anspruchsvoller Aufgaben in der Architektur:

· Peilturm Kap Arkona – Insel Rügen
· Fernsehturm – Rostock
· Sana-Krankenhaus Bergen – Insel Rügen
· Tankstellenkomplex Putbus – Insel Rügen
· Querbahnsteigüberdachung Bahnhof Stralsund

Externe Fachleute aus der Architektur, der Statik und der Bauphysik stehen dem Unternehmen beratend zur Seite. Klassische Baustoffe und Bauweisen ergänzt durch neueste Trends in der Architektur, sowie Wissen und Erfahrungen bei dem Einsatz von modernen Materialien schaffen Zukunftsfelder für das Unternehmen.

Die konsequente Umbenennung des Unternehmens in FLZ Stahl- und Metallbau Lauterbach GmbH folgte.
Heute ist die FLZ Stahl- und Metallbau Lauterbach GmbH ausschließlich tätig im Stahl- und Metallbau, in der Architektur sowie im Maschinenbau. Anspruchsvolle Projekte wurden realisiert:

· Stahlbau – Ozeaneum Stralsund
· Fassadenbau – Reinraumlabor Mierdelbau in Dresden
· Glaskuppelbau – Landtagsgebäude Kiel
· Membranbau – Sporthalle für Artisten in Berlin
· Ganzglasbau – Neue Museum Berlin
· Ausbau von Museen – Willy-Brandt-Haus Lübeck
· Rathäuser – Rathaus Greifswald
· Kirchen – St. Jakobi-Kirche Stralsund
· Schulen – Gymnasium Oberalster Hamburg
…......

Ausbildung unserer Mitarbeiter auf den neuesten Stand der Technik und Technologie hat für uns Priorität.
Durch ein gutes Betriebsklima und vorbildliche Arbeitsbedingungen erreichen wir eine hohe Motivation unserer Mitarbeiter.
Wir fördern Teamarbeit bei hoher persönlicher Entscheidungsfreiheit in jedem Verantwortungsbereich.
Viele Mitarbeiter des Unternehmens leben auf der Insel Rügen und an der Ostseeküste, und Sie arbeiten in ganz Deutschland an Projekten, die für solidem Handwerk und hochwertiger Ingenieurkunst stehen.

Quellen

Texte:
Horst von Gizycki „Ein Neubeginn auf Rügen", Transkript einer Radiosendung des Hessischen Rundfunks vom 9. Oktober 1991
„Wir machen alles, was weiterhilft", Reportage in der HNA vom 9. Juni 1991
Tagebuchaufzeichnungen von Horst von Gizycki 1991
Korrespondenzen Renate von Gizycki und Martin Hurtienne 2009 und 2010
E-Mails Januar 2017 bis Juli 2017
Auszug aus : B. Honnigfort „Alte Geschichten, böse Erinnerungen " in der Frankfurter Rundschau vom 22. Juni 2017
Auszug aus der Homepage der FLZ Lauterbach

Fotos:
Der Betrieb der FLZ in Lauterbach, Annette Rehfus, April 2017
Neujahrsgrüße der FLZ Lauterbach 2016 und 2017

Literaturhinweis:
Horst von Gizycki: „Mother Jones" oder Ein anderes Amerika – Kritische Minderheiten in den USA, Fischer Sachbuch. Frankfurt am Main 1990 – vergriffen.